U0534331

本书的出版得到"吉林大学哲学社会学院一流学科建设"项目资助

吉林大学哲学社会学院一流学科建设丛书

公益组织参与农村社区"新公共性"建构研究

RESEARCH ON THE PARTICIPATION OF PUBLIC WELFARE ORGANIZATIONS IN THE CONSTRUCTION OF "NEW PUBLICITY" IN RURAL COMMUNITIES

李远 著

中国社会科学出版社

图书在版编目（CIP）数据

公益组织参与农村社区"新公共性"建构研究 / 李远著. —北京：中国社会科学出版社，2022.9
（吉林大学哲学社会学院一流学科建设丛书）
ISBN 978-7-5227-0798-3

Ⅰ.①公… Ⅱ.①李… Ⅲ.①慈善事业—组织机构—参与管理—农村社区—社区管理—中国　Ⅳ.①D632.1②D669.3

中国版本图书馆 CIP 数据核字（2022）第 153032 号

出版人	赵剑英
责任编辑	朱华彬
责任校对	谢　静
责任印制	张雪娇

出　版	中国社会科学出版社
社　址	北京鼓楼西大街甲 158 号
邮　编	100720
网　址	http://www.csspw.cn
发行部	010-84083685
门市部	010-84029450
经　销	新华书店及其他书店

印刷装订	北京市十月印刷有限公司
版　次	2022 年 9 月第 1 版
印　次	2022 年 9 月第 1 次印刷

开　本	710×1000　1/16
印　张	13.75
插　页	2
字　数	155 千字
定　价	88.00 元

凡购买中国社会科学出版社图书，如有质量问题请与本社营销中心联系调换
电话：010-84083683
版权所有　侵权必究

目 录

绪 论 ··· 1

第一节 问题的提出 ································· 1
第二节 研究的意义 ································· 4
第三节 概念界定 ··································· 7
　一 公益组织 ····································· 7
　二 农村社区"新公共性"建构 ···················· 8
第四节 研究对象 ··································· 9
　一 T协会简介 ···································· 9
　二 协会的组织架构与人员构成 ···················· 10
　三 协会的工作内容 ······························· 10
　四 T协会在X村社区的组织化进程简介 ············· 14
　五 T协会所在的农村社区简介 ····················· 15
第五节 研究方法 ··································· 18

第一章 文献综述与研究框架 ······················· 21

第一节 文献综述 ··································· 21
　一 公共性理论回顾 ······························· 21
　二 农村公共性问题研究述评 ······················ 33

三 公益组织参与农村公共性建构研究述评……… 42
第二节 研究框架：以"新公共性"为理论视角……… 49
一 作为农村社区治理格局变革蓝图的
"新公共性"……………………………………… 49
二 作为农村社区治理格局变革逻辑的
"新公共性"……………………………………… 52

第二章 化"私"为"共"：T协会在农村社区的组织化……… 55

第一节 T协会的组织化困境：乡土公共文化与公益
组织理念的差异……………………………………… 56
一 T协会动员社区参与的早期尝试与困境……… 57
二 基于"私"的公共文化：特殊主义与功利
主义……………………………………………… 60
三 超脱特殊主义与功利主义的公益理念……… 63
第二节 T协会的组织化策略：化"私"为"共"……… 65
一 基于人情互惠的组织吸纳……………………… 66
二 基于经济理性的组织吸纳……………………… 69
三 将基于"私"的参与转化为志愿参与………… 71
第三节 T协会重构农村社区公共文化的
机制分析……………………………………………… 78
一 从"私"到"共"：乡土公共文化的
变革潜力………………………………………… 79
二 从嵌入到建构：公益组织的实践逻辑……… 81
三 混合与过渡：乡土公共文化的转型路径……… 82
第四节 本章小结……………………………………… 84

第三章 化自在的"共"为自为的"共":社区自治组织的培育 ……85

第一节 农村社区组织培育困境:社会资本潜在性与公益组织外来性 ……86
一 T协会培育农村社区组织的早期尝试与困境 ……87
二 社区社会资本的潜在性与公益组织的外来性 ……89

第二节 社区组织化基础的萌发:以T协会的组织化为桥梁 ……92
一 共同体意识的重塑 ……93
二 公共道德的转型 ……95
三 社区精英的浮现 ……96
四 合作意识与能力的提升 ……98

第三节 "公共事务服务核心组":社区自治组织的成立过程 ……100
一 成立迷你社区基金会:社区自治组织的雏形 ……102
二 "社区基金会"转型为社区自治组织 ……104
三 社区自治组织的内部建构 ……106

第四节 T协会的社区组织化策略:化自在的"共"为自为的"共" ……111
一 将集体行动诉求转化为组织化动力 ……111
二 将社区体制内外精英转化为组织骨干 ……113
三 将合作意识与能力转化为组织行动 ……114

第五节　T协会激活农村社区社会资本的
　　　　机制分析 …………………………………… 116
　一　从"隐"到"显":农村社会资本的增量
　　　可能 ………………………………………… 117
　二　将共同体意识与志愿精神转化为
　　　组织参与 …………………………………… 118
　三　挖掘与转化:公益组织的实践逻辑 ………… 120
　四　从"自在"到"自为":农村社会资本的
　　　发育路径 …………………………………… 121
第六节　本章小结 …………………………………… 122

第四章　"公"与"共"的互渗与制衡:基层自治
组织的革新 ………………………………… 124

第一节　社区社会组织的行政化风险:"公""共"
　　　　权力关系的不均衡 ……………………… 125
　一　基层自治组织的强势与社区社会组织的
　　　弱势 ………………………………………… 126
　二　"公共事务服务核心组"的行政化风险 …… 129
第二节　T协会的风险化解策略:作为第三方的
　　　　制衡 ………………………………………… 131
　一　以"社会权威"平衡"行政权威" …………… 132
　二　以第三方身份监督自治制度与程序的
　　　落实 ………………………………………… 134
　三　以第三方身份促成基层组织与社区组织的
　　　良性互动 …………………………………… 136
第三节　相反的趋势:基层自治组织的社会化 …… 139

第四节　T协会调整农村社区权力格局的机制
　　　　分析 …………………………………………… 142
　　一　从对立到互补:农村权力格局的重构
　　　　前提 …………………………………………… 143
　　二　平衡与中介:公益组织的实践逻辑 ………… 146
　　三　"公""共"互促:农村权力格局的转型
　　　　路径 …………………………………………… 147
第五节　本章小结 ……………………………………… 148

第五章　"公""共"共生合作:初步搭建协同共治的治理格局 ……………………………………… 150

第一节　以沙地治理为内容的协同共治 …………… 151
第二节　T协会建构新治理格局的策略 …………… 154
　　一　以专业性主导协同治理的方案规划 ………… 155
　　二　明确并发挥不同治理主体的治理优势 ……… 156
　　三　治理预期与经济利益的双重驱动 …………… 158
第三节　从协会主导到社区主导的协同共治 ……… 159
第四节　本章小结 ……………………………………… 161

第六章　结论与讨论 …………………………………… 163

第一节　农村社区公共性结构的二重性 …………… 164
　　一　阻力抑或动力:基于"私"的乡土公共
　　　　文化 …………………………………………… 165
　　二　缺失抑或潜在:作为"共"的社区社会
　　　　资本 …………………………………………… 167

三　对抗抑或互补:代表"公"的基层自治
　　　　　组织 ………………………………………… 169
　第二节　农村"新公共性"的建构逻辑:私、共、
　　　　　公的转化与互动 ……………………………… 172
　第三节　公益组织与农村社区的张力与化解策略 …… 175
　第四节　"生产社会"仍否可能:包容性的公共性
　　　　　建构 ………………………………………… 179

参考文献 …………………………………………… 184

附录1　访谈提纲(T协会工作人员) ……………… 207

附录2　访谈提纲(X村村民) ……………………… 209

致　谢 ……………………………………………… 211

绪　　论

第一节　问题的提出

改革开放以来,随着国家权力在农村社会的逐步退场,以及以村民委员会为核心的村民自治制度的确立,中国农村社会形成了"乡政村治"的治理格局。"乡政村治"的治理思路旨在使国家权力从对农村社会的强控制、强干预转变为退居幕后的柔性管理与扶持,重建农村的自治力量并使其走向农村社会治理的前台,形成政府与村民自治合作的治理格局。[①] 从总体上看,"乡政村治"推行以来,在一定程度上促进了国家的简政放权,激发了农村社会的内在活力。但是时至今日在这一格局下我国乡村社会仍然普遍面临着社会治理的危机,比如环境治理恶化、公共服务与公共设施短缺、经济合作困难、社会矛盾和官民冲突时有发生且缺乏有效调解等。

[①] 徐晓全:《新型社会组织参与乡村治理的机制与实践》,《中国特色社会主义研究》2014年第4期。

针对这一问题，有学者指出其根源在于自上而下推进的村民自治制度并没有建立起有效的自治结构。[①] 村民委员会过度行政化并没有真正成为村民利益的代理人，而村民自发的志愿组织寥寥无几，经济合作组织常被少数人或公司组织操纵。农村社会自治主体的缺失或异化，使得农村的自治结构处于失调甚至无主体的状态。由于缺乏有效的自治主体，政府的政策推行就没有合适的承接主体，村民也难以以组织的形式与政府进行沟通协商，这使得宏观的"乡政村治"的治理布局无法真正落实在微观的农村社会场域之中。在公共性理论的视角下，大多农村社区自治结构的失调状态的原因在于，人民公社解体之后，在农村社区内以行政为主导的"旧公共性"治理格局走向消解，以家族为关联的"旧公共性"也早已在人民公社时期分崩离析；而农村内生整合力量与组织力量又难以在短时间内自发形成。[②] 因此，要解决农村社会的治理危机就应当培育和革新农村社会的治理主体，亦即实现有效的农民组织化，进而形成基层自治组织与其他农村社会组织合作共生、协同治理的局面，重构农村社会的微观治理格局。在公共性理论的视角下，这一过程被视作乡土社会"新公共性"的构建。[③]

近年来，越来越多的公益组织通过在农村培育社会组织和进行社区营造等方式参与到了农村社区"新公共性"建构

[①] 陶传进：《草根志愿组织与村民自治困境的破解：从村庄社会的双层结构中看问题》，《社会学研究》2007年第5期。

[②] 张良：《村庄公共性生长与国家权力介入》，《中国农业大学学报》（社会科学版）2014年第1期。

[③] 吕方：《再造乡土团结：农村社会组织发展与"新公共性"》，《南开学报》2013年第3期。

的事业之中，并取得了一定成效。但是一些研究发现，公益组织所推进的"新公共性"建构往往会遭遇农村社区旧有的公共性结构的阻力，有时不仅不能带来有效的社会变革反而沦为了地方政治—社会结构的再生产空间。这些研究深刻地揭示了公益组织变革农村社区的结构性困难，但却在一定程度上忽视了公益组织的能动性与农村社区旧有公共性结构的变革潜力。因此，本书试通过对一个公益组织在农村社区的较为成功的"新公共性"建构过程的深入研究，探究公益组织参与农村社区"新公共性"建构何以可能。

作为个案研究，本书以T协会在X村社区的组织化实践为研究对象。作为环保组织的T协会自2000年起，在毗邻X村社区的沙地上探索治沙。为了能更有效地调动X村社区参与当地环境治理，T协会参与到了X村社区的"新公共性"建构之中。在二十余年的实践探索中，T协会以环境治理为导向，逐步完成了自身在当地社区的组织化，培育了社区自治组织，革新了基层自治组织，并将三者初步带入到协同合作的治理格局之中。在这一过程中，T协会不断试错并反思，逐渐形成了较为有效的组织化策略。因此，本研究试图以"新公共性"理论为视角，对T协会在农村社区的组织化实践追问三个问题。其一，T协会的组织化实践遭遇了何种困境，其根源何在？其二，T协会采取怎样的组织策略化解了组织化过程中的困境？其三，T协会的策略得以奏效的深层机制是什么？在此基础上，回应公益组织参与农村社区"新公共性"建构何以可能。

第二节 研究的意义

本研究的理论意义主要有以下三点。第一,本研究是对既有农村公共性问题研究的推进和深化。本研究以"新公共性"为理论视角,对农村社区的"新公共性"建构展开研究,这是目前已有研究所较少涉及的研究取向。已有研究大多只是在一般性的意义上研究农村的"公共性"问题,而较少与经典公共性理论对话。而本研究则以东亚的"新公共性"理论为视角,对农村社区的公共性问题展开实证性研究,一方面开辟了农村公共性研究的可能路径,另一方面也尝试与经典公共性理论进行对话并拓展公共性理论。此外,本研究着重探讨农村"公共性"问题的一个侧面,即"新公共性"建构问题。农村社区的"新公共性"建构意味着农村社区治理格局的重建。这是已有农村公共性问题研究较少涉及的方向。但是农村社区的治理结构的衰败往往是农村社区公共性的重要表现以及根源。所以,本研究或可为农村公共性问题研究提供新的答案。

第二,本研究是对社会组织与基层社会关系研究的推进和深化。目前学界对社会组织的研究,较为集中地关注社会组织与政府之间的关系,进而试图揭示变化转型中的国家社会关系。但是,社会组织与基层社会之间的关系却时常被忽略。但是,社会组织并非天然属于社会部门,其所具有的价值理念决定了其更接近于公民社会的形态。而在现实中运转的基层社会则是一个地方政治、社会、文化结构交织的复杂场域。社会组织如果要获得真实的社会基础，甚或对社会加以改造就必须处理自身与基层社会之间的关系。而本研究通过对公益组织参与农村社区公共性建构的研究，可以在一定程度上揭示社会组织与农村基层社会之间的复杂关系。这或可为社会组织与基层社会的关系提供一些经验与理论上的启示。

第三，相关研究对于农村公共性的重建大多从国家政府与农村社会两个角度出发，而较少论及作为社会部门的公益组织的作用。农村社会的内生力量是变革农村公共性的基础，但是在农村社会内部相关资源与动力缺失的情况下，则需要外部力量的干预和推动。国家政府毋庸置疑是重建农村公共性的主导性力量，但是历史经验表明国家权力对农村社会的过度与直接的干预反而可能会造成农村公共性的异化。而公益组织作为一种新兴的社会力量，其在参与农村社会治理与农村社区建设中，正凭借其独特优势发挥着不可低估的作用，并与政府和市场形成优势互补。因此，后续的相关研究有必要更多地论及公益组织在农村公共性重建中的作用。基于此，本书试图以"新公共性"理论为基础，对农村社会的治理格局的重构可能展开研究，并着重关注公益组织在其中发挥作用的可能机制，从而为农村公共性重建提供新的答案并力图拓展"新公共性"理论的适用范围、推进"新公共性"理论的拓展。

本研究的现实意义主要有以下两点。第一，本研究可为当下中国农村社会的公共性重建提供启示。当前中国农村社会公共性的流失与衰变已经成为普遍共识。改革开放以来，随着国家在乡土情景中的"退场"，以及家庭联产承包责任制的落实，农村呈现村落共同体解体、传统权威衰落、社会原子化与公共治理碎片化等趋势。这些趋势可以在理论层面上被综合概括为农村公共性的衰落。对于公共性，不同的理论家在有差异的研究视角下有其不同界定。但是就其普遍性的共识而言，公共性是相对于"私"领域的，一系列具有公开性、共有性和包容性的维系公共生活的基本结构和法则。[①] 因此，农村公共性的衰落，必然伴随着农村公共生活的危机，比如环境治理的恶化、公共服务的短缺、经济合作的失败等。[②] 为了缓解此类危机，国家采取了各种方式力图重建农村社会的公共性。在中央政府层面，国家在农村大力推进以村民委员会为核心的村民自治制度，并出台各种有利于农村公共性重建的政策，比如鼓励农村经济合作组织发展等。地方政府在响应中央政策的同时，也在农村再组织化、公共精神重建等方面探索不同的创新模式。而在政府部门之外，近些年来公益组织作为一股社会性的力量也正逐步参与到重建农村公共性的事业之中。而本研究着重对公益组织参与农村社区的公共性建构何以可能进行回应。所以，本研究能够回应当下中国农村社会的公共性危机问题。

第二，本研究或可为当下中国的社会组织参与社会治理，尤其是农村社会治理提供经验与启示。目前，一些公益组织通过为农村提供公共服务的方式，间接地参与到农村公共性的建构之中。另外，也有一些公益组织通过在农村培育

[①] 吕方：《再造乡土团结：农村社会组织发展与"新公共性"》，《南开学报》2013年第3期。

[②] 武中哲、韩清怀：《农村社会的公共性变迁与治理模式建构》，《华中农业大学学报》2016年第1期。

社会组织和进行社区营造等方式,直接地介入到农村的公共性建构之中。一些成功的案例已经表明,公益组织因其不同于国家和市场的社会性、公益性、专业性和创新性,而在农村公共性建构中具有其独特优势,并业已取得一定成效。但是,通过对相关文献的梳理和一些实践案例的观察,我们发现公益组织也可能因其相对于其他社会部门的局限性,而在建构农村公共性的过程中遭遇不同程度的困境。但是,学界对公益组织参与农村社区的组织化建构与公共性建构的关注仍然较少。这导致我们对公益组织在农村社区治理中遭遇困境的原因和破解困境的策略手段的研究仍然非常匮乏。而T协会在农村社区二十余年的实践过程,为我们提供了一个绝佳的观察和研究的范本。通过对T协会以组织化建构为主要手段的公共性建构过程的研究,我们可以从中发现公益组织不同于其他社会部门在农村社区治理中所具有的独特优势,以及所可能采取的行动策略。进而一方面在理论上回应了农村社区的组织化问题,另一方面也为中国的农村和农民的组织化以及社区的公共性建构寻找现实的路径以及可能的策略空间。

第三节 概念界定

一 公益组织

从广义上而言,公益组织基本可以等同于中国语境下的社会组织,或西方语境中的非政府组织、非营利组织。但是,从狭义上看,公益组织是社会组织的一个子概念。社会组织因其服务群体的范围的不同可以区分为公益组织与互益组织。前者以广泛的社会群体为服务对象，后者则专注于组织内部成员。公益组织与互益组织共同构成了社会组织的内涵。

本书在狭义上使用公益组织这一概念。相对而言，农村内生的社会组织具有更强的内部互益性，因此本书使用"公益组织"概念来特指外生于农村社区并介入农村公共性建构之中的社会组织，包括国际NGO以及本土的各类服务型、支持型社会组织。

二 农村社区"新公共性"建构

"新公共性"是日本学界提出的一种契合日本乃至东亚社会的公共性图景。其新意在于对东亚历史上的国家主导的公共性形态以及西方近代以来的基于个人主义的市民社会形态的公共性的超越，并形成一种国家与社会协同承载公共性的新格局。具体对社会治理而言，它意味着国家政府和以社会组织为主要形式的市民社会共同对公共事务进行治理。在"新公共性"理论的视角下，农村社区内以行政权威为主导或以家族关联为主导的"旧公共性"都已式微。所以将"新公共性"的图景投射在农村社区，就意味着在农村社区搭建农民通过社会组织等形式与基层自治组织对农村公共事务进行协同治理的格局。因此农村社区的"新公共性"建构就主要包括三个方面：其一，在农村社区以培育社区社会组织的形式实现农民的组织化；其二，促使基层自治组织从行政化到社会化的转型；其三，搭建起农村社区社会组织与基层自治组织之间的共生合作的治理格局。

第四节 研究对象

本书选取 T 环保志愿者协会在农村社区的实践探索为个案，因此，此处分别对 T 协会的状况和发展历程，以及 T 协会所在的农村社区进行简要介绍。

一 T 协会简介

作为一个民间发起的草根环保组织，T 环保志愿者协会的生长起点是，2000 年协会的发起人 WP 以个人奋斗的形式在科尔沁沙地创办"科尔沁生态示范区"。该示范区面积大约 100 公顷，距离吉林省通榆县同发乡 L 行政村下属的 X 自然村不到 1 公里，属于科尔沁沙地东南边缘。在接下来的约五年时间里，WP 逐步吸纳志愿者和社会资源参与沙地治理，并有意识地学习 NGO 的组织架构和运作模式，渐渐由个体发展为一个正式的社团组织，并于 2006 年 5 月 15 日正式在当地民政局注册。

T 协会的核心使命是遏制和转变科尔沁地区的荒漠化趋势，恢复草原生态。为实现这一组织目标，协会主要采取两种工作方式。其一，是以"人工圈地，自然恢复"的方式治理 100 公顷的科尔沁沙地示范区。其二，是在已恢复的示范区探索沙地高效可持续农业项目，吸引农户参与替代导致土地沙化的生产方式，并释放更多土地以供协会扩大示范区。此外，协会还持续进行环境教育和农村社区支持工作。环境教育包括面向中小学生，由会长 WP 和志愿者编写环境教材在当地同发乡中小学开设环境保护课程；也包括面向大学生的夏令营式的参与式环境教育。农村社区支持工作，则是协会面向同发乡农村，尤其是示范区所在的L行政村X自然村开展的助学、助老、助残、协助维权、调解农村纠纷等工作。

二 协会的组织架构与人员构成

T环保志愿者协会的组织框架主要分为理事会、执行部、监事会、专职员工、核心会员及志愿者六个部分。理事会由7人组成，负责把握协会发展的总体方向，并为协会筹集资金。T协会的创始人WP，负责担任理事会的理事长。执行部由5人组成，负责农村志愿者管理、城市志愿者管理、资金筹集、财务会计等方面的工作。其中WP的女儿WXB负责担任协会的执行长。监事会，由3人组成，负责对协会的民主程序、法律事宜进行相应的监督。协会不定期地雇用专职员工负责协会的日常事务。协会还有一些核心会员，在不收取报酬的情况下，为协会所需要的方方面面提供帮助。此外，协会还拥有大量的志愿者。一部分是来自城市的长、短期志愿者，他们来自全国各地，累积已达数千人。另一部分即来自当地农村的志愿者，为协会在科尔沁示范区的工作提供志愿性的服务。此外，为响应党和政府的政策，T环保志愿者协会正在积极尝试组建党支部。

三 协会的工作内容

T环保志愿者协会的工作内容由荒漠化土地治理及恢复、环境教育、和谐乡村建设和可持续农业探索四部分构成。

(一) 荒漠化土地治理及恢复

协会在运作初期以种植杨树为主。但是，由于当地气候和土地条件并不适宜杨树生长，此种恢复办法并不实用。杨树的种植失败之后，协会开始自主探索荒漠化土地恢复治理的方法。他们通过实践发现，要治理当地的土地荒漠化现象，应当以恢复草原生态环境为主要手段。具体的治理工作则以"人工圈地，自然恢复"为指导原则。至2006年，示范区内流动沙丘基本固定为半固定沙地或固定沙地，各种沙地先锋物种发育良好，植被覆盖率由原来的几近为零增加到接近90%，基本形成了以草食性动物为主的小型野生生态系统，野鼠、野兔、野狐、黄鼠狼、猫头鹰等多种野兽野鸟时有出没，昆虫种类繁多；土壤表层腐殖质厚度逐年增加，土壤结构逐步改善，土地生产力稳步提高。

(二) 环境教育

人为因素在导致科尔沁草原荒漠化的原因中占主导地位。因此，为了维持巩固示范区内的生态治理及恢复成果，唤醒人们的环境保护意识，预防环境破坏现象，协会针对不同群体进行了环境保护教育。

第一，为当地中学生开设环境保护课程。授课人员为组织领导者WP及其夫人BLH，志愿者中也有若干人长期参与教材编写和课堂教学工作。另外，协会每年还组织学生到示范区内参加生态恢复劳动，参观示范区，了解协会工作情况；并且由协会资助经费，带领学生到邻近的向海湿地自然保护区参观，让其对比感受良好的生态环境所具有的价值。

第二，对大学生的环境教育。自2002年3月6日哈尔滨工业大学绿色协会组织17名大学生志愿者前往示范区劳动学习以来，至今，已有数千名大学生志愿者曾经到过协会进行参观和劳动。

第三，对当地农民进行环境教育。当地农民既是通过过度放牧和开荒的草原的潜在破坏者，同时也是协会在当地开展环境保护所必须依靠和调动的力量。所以，协会不定期地给当地农民举办一些小的环境教育课。而更重要的环境教育方式，是协会在当地的言传身教，以及在与农民接触的过程中不厌其烦地传递环保理念。

（三）和谐乡村建设

T协会通过协助居民维权、调解村民矛盾、为生活有困难的当地居民提供工作岗位、关爱社区孤寡老人、资助有困难的学生完成学业等工作进行和谐乡村建设。T协会认识到，只有真正被当地社区所认可，扎根到农村社区，才能使当地的治沙工作没有后顾之忧。而与当地社区的良好关系的建立也有利于协会在农村地区吸纳农民的参与。同时，X协会的创始人WP以及协会的其他工作人员相对于当地农民则更有法律、经济、种植方面的知识，所以可以为当地农民提供力所能及的帮助。协会在当地社区建立起良好的信任关系，并形成一定的威望以后也可以帮助农民调解矛盾。而即使在协会财政紧张的时候，T协会也时常为一些孤寡老人和困难家庭的学生提供资金上的无偿帮扶。协会也会在需要劳动力的情况下，为当地一些困难家庭提供在示范区内工作的岗位。

（四）可持续农业探索

荒漠化地区常常同时面临较为严峻的贫困问题。贫困者为了生存不得不从事那些难以持久的经济活动。当地荒漠化的发展与人类活动干扰有较强的相关性，尤以粗放、低产值的耕作活动为甚。防治荒漠化项目必须与当地居民的生存和发展需求相结合。基于对当地荒漠化形式和成因的感性认识和理论学习，协会在取得显著生态恢复成果的基础上，从2004年开始探索如何与当地农民共同发展可持续农业项目，主要包括山葡萄种植、草原自由鸡养殖和草原牧羊牧牛项目。

第一，山葡萄种植项目。2004年，协会在经历种植绿豆和香菇的探索之后，在专家建议下选择了山葡萄种植项目。山葡萄的经济价值高于当地的传统农业。根据实践经验，种植1亩山葡萄的收入相当于当地传统种植30亩沙地的收入，且只利用了1亩葡萄土地面积的1/7，也就是说，理论上种植1亩葡萄可以使20亩土地得以休养生息。因此，贯穿在山葡萄种植项目中的思路便是：利用山葡萄的高效经济收益吸引当地农户参与葡萄种植，逐步摒弃当地粗放的农业生产方式，释放更多土地，让其按照示范区土地恢复的方式，自行恢复草原的原生生态环境。该项目开始于2004年6月，当年联合8户农民，建立葡萄协会，以合作形式共栽种10000棵葡萄。次年又栽种10000棵葡萄，参加项目的农民达30户，包括附近的X村12户，10户为通榆县下岗职工，剩余8户为志愿者等人认领。该项目运行近五年之后，并没有见到预期中的高回报。当地农民的态度也较之以往发生变化，由认同变成观望。协会经过内部商议，决定从长远的生态效益着眼，以自身资源为基础，短期内与农户间由合作关系变为劳资雇用关系，单方面维持项目的运营。2006年起种植户年均增加收入1000元。2010年起高品质葡萄酒由企业公益认购，累计为防治荒漠化提供资金222000元。

第二，草原自由鸡养殖项目。2011年，与农户合作在示范区已恢复草原上散养草原鸡，食草籽及昆虫，生长周期180天，2012年春节上市，供不应求，增加养殖农户收入20000元。草原鸡为粮食作物及山葡萄提供有机肥料，为沙地农业提供完整的生态循环链条，进一步保证和提升农产品的品质。

第三，草原牧羊牧牛项目。与草原自由鸡养殖项目类似，T协会邀请当地农民在已经恢复的草原上定期放牧。农民需要缴纳相应的费用，但是要比市场价低。T协会的目的是使农民认识到治理沙地的成效，并进一步地与农民建立更好的互动关系。

四 T协会在X村社区的组织化进程简介

T协会在治沙实践中逐渐认识到，治理沙地必须充分调动当地农民的参与。"让本地人解决本地事儿"，是协会逐步形成的理念。而要使农民被调动起来，进行沙地治理，就必须将农民组织起来。于是，T协会在X村社区展开了组织化实践。

首先，是T协会自身在当地社区的组织化，即吸纳农民参与到T协会之中，成为T协会在当地的志愿者与协会会员。自2000年WP进入示范区开始沙地治理以来，协会就开始了对农民志愿者的有意无意的吸纳。而自2006年协会正式成立后，一些农民开始正式成为协会志愿者甚至会员。截至目前，大部分当地农民都已成为协会志愿者，为协会提供力所能及的志愿服务。而几名热心农民甚至成了协会的会员，其中一名老会员担任协会的副会长，负责管理该村志愿者。

其次，是T协会在当地社区培育农村社会组织。在2015

年之前，为了开展经济合作，T协会数次推动当地建立经济合作社，但都因各种原因而宣告失败。2015年，随着T协会自身组织经验的丰富以及当地社区的发展，T协会成功在当地成立"公共事务服务核心组"。该组织起初是作为农村社区的小基金会存在，并不具备行动能力，以接纳和管理T协会的捐赠为主要功能。但在T协会的有意引导和培育之下，逐渐形成为一个具备当地社区参与基础的代表性的社区自治组织。T协会引导"公共事务服务核心组"开展组织建构，并参与社区内部治理。

再次，T协会通过引导"公共事务服务核心组"与村民组长以及村委的良性互动，促使社区成员凭借该组织逐步参与到基层自治组织的决策与行动之中，进而使原本行政化的基层自治组织出现了社会化的趋势。

最后，T协会以沙地治理为主要内容，开始推动T协会自身与社区自治组织以及基层自治组织进行协同治理，进而尝试在当地社区搭建起一个各组织共生合作的组织化治理格局。

五 T协会所在的农村社区简介

T协会的治沙示范区位于吉林省通榆县同发乡L行政村下属的X村。L村作为一个行政村，包括三个自然村，X村是其中之一。X村有81户人家，400余人口，经济以种植业为主，畜牧业为辅。该自然村虽然土质沙化，但是洪水改善土质，在当地经济状况尚可，户均年收入近10万元。X村所在的L行政村村两委在行政村一级处理公共事务，且承担较多乡镇政府布置的行政事务，在X村的公共治理方面着力较少。而在 X 村内部，在 T 协会开始组织化建构之前，只设有作为村民小组组长的屯长一名，几乎没有次级自治组织和其他农民草根组织。

第一，农村社区的自然环境恶劣，自然资源匮乏。T 协会所在村庄位于科尔沁草原上，地处吉林省和内蒙古自治区的交界处，因为过度开垦和过度放牧致使草原退化。沙化造成土壤退化，土地贫瘠，可耕地面积减少，可种植农作物单一且产量低。草原退化也造成水资源的匮乏，当地农户的饮用水全部来源于自家的深水井，而且水质浑浊，需经过沉淀加热才能饮用。沙化土地加上地处东北地区的大风天气，当地居民的生存环境十分艰苦，很多设施和建筑会被风尘覆盖。

第二，村庄基础设施陈旧落后，公共事务无人问津。T 协会所在村落没有硬化的公共交通道路，现有道路也是沙化土壤经过人们行走而形成。正常天气人们行走都十分困难，而且鞋会带有很多沙砾；如果遇到特殊天气，那道路就处于瘫痪状态，无人能行，这也限制了村庄和外部的正常化的接触和交流。环境卫生十分糟糕，村庄没有设置公共投放垃圾回收设施，很多村民对于日常生活垃圾的处理就是随意堆放，地区性特有的大风天气使得村庄垃圾处理更加困难，村庄随处可见生活垃圾的踪影，塑料垃圾更是满天飞。纠纷调解的出现一般采取搁置的方法，让有矛盾和问题的双方自行解决，村级组织的纠纷调解功能丧失。村庄没有公共的基础教育设施，村庄的受教育儿童需要乘车去乡里上学，人力和经济成本负担较多。

第三，村庄原子化和空心化，村民呈现离散化特征。随着市场经济大潮的推动，从集体中解脱出来具有独立性的村民个体可以自由流动,在经济价值取向的引导下,从乡村地区向城市地区流动以增加经济收入,改善家庭生活。青壮劳动力的大量外流,乡村人口结构发生实质性的变化,妇女儿童老人成为乡村社会常住人口的主体,形成"386199"部队,致使乡村社会出现原子化和空心化特征。劳动力的外流也造成参与乡村社会治理主体的缺乏和乡村社会治理内生动力的减弱,造成村民普遍对公共事务缺乏热情和关注,同时也造成乡村社会凝聚力的瓦解,利益矛盾日益增多,影响乡村社会和谐稳定的风险因素不断增多。

第四,农村社会文化衰落,社会结构分化。改革开放以后,农村社会逐渐由封闭走向开放,现代化因素逐渐进入农村,村民的社会意识和价值观念也随之发生重大变化,功利意识和享乐意识不断增强,传统文化不断式微,农村社会的道德约束减弱,传统的乡村社会秩序受到前所未有的挑战和威胁。随着农村经济体制改革的推进,农村经济社会实现转型,农村居民在经济活动中的地位也在发生变化,在经济物质资源的拥有上出现先富群体,农村社会的贫富差距开始出现并不断扩大,经济结构的分化带来阶层结构的分化,农村社会的人际关系呈现"经济化"和"利益化"的态势,农村社会的阶层结构趋于多元化发展,各阶层的利益诉求多元化和利益矛盾冲突也随之增多。

第五,农村家庭结构的不完整性,老龄化引发养老问题突出。大量青壮年劳动力从乡村流向城市,既带走了丰富的劳动力资源,也带走了乡村治理的精英群体。青壮年男子的外出务工使得农村的农业作业缺乏劳动力,而妇女儿童老人限于自身条件无法完成繁重的体力劳动,致使农业生产搁置。家庭是基于男女双方自愿组建而成，而男子的向外流动自然造成了家庭的不完整，甚至造成了部分家庭的破裂，给家庭和社会造成不稳定因素。同时，青壮年男子作为代际传承的中间阶段，在以劳动获取经济收入，改善家庭生活中做出突出贡献，而原有的以经验和年龄作为权威的传统社会已不能满足现有家庭经济结构的发展状况，家庭成员的经济能力使得家庭权力结构实现代际转移，而经济因素的进入也在逐渐瓦解传统的家庭伦理，尤其是"养儿防老"的传统观念的根基；并且随着中国社会老龄化的到来，农村老人的养老问题迫在眉睫，加上劳动力外出和家庭权力代际转移，农村社会的养老问题更加举步维艰。

第五节　研究方法

本研究主要采取社会科学中人文主义解释学的研究范式，以质性研究的方法进行资料的收集、整理和分析工作，具体主要运用了个案法、田野民族志、文献分析法和半结构访谈法以及无结构访谈法等研究方法。

个案法（Case study）。即通过参与观察，在具体的实地场景中，通过比较选择，集中对一个个体、群体、组织、事件乃至社区的深入全面的调查，通常是历经一个较长时间段（几周、几月、几年）持续地跟踪，收集较为全面的信息，并对各种信息进行提炼整理，进而形成能够解释一般并观照总体的抽象理论。本研究正是以一个公益组织在一个农村社区的组织化实践过程为观察点，围绕公益组织与农村社区的关系进行具体性研究，同时亦把个体与群体的行为放置到特定的事件和场景中，以达至典型性说明和概括性理解，并进而拓展至公益组织与农村社区的公共性建构命题。

田野民族志（Workshop ethnography）。即研究者深入到田间地头的具体生产生活场景中，采用一种质性研究的方式，通过参与具体的村民的田野生产和日常生活实践，在与他们一起劳作和生活中，来书写村民的生产、生活、文化与感受，真实呈现村民的悲欢喜乐和日常生产生活事件。本研究中研究者亦是深入到乡村社会的日常与T协会的组织工作中，在具体参与村民的劳作过程和日常生活实践中，来准确记述T协会及其所在农村社区的各方面客观社会事实，并在此过程中来理解和解释农村社区的组织化形态与公益组织的组织化策略，以反映公益组织在农村社区的组织化建构的真实过程与机制。

文献分析法（Document analysis method）。即通过对已有研究成果的查阅和分析，以形成对研究问题的基本认知，然后在深入实地中去搜集各种文字、数字、图像、音视频等形式的原始材料，并通过对收集到的各种第一手或第二手资料进行整理、归类和分析处理，以呈现研究现象的各种信息和概况，进而去探究研究现象的深层次结构体系。本书从两个方面进行了文献资料分析。其一，参阅并整理了T环保志愿者协会的组织文本资料，包括新闻报道、针对性论文、会议开展情况、服务项目申请等，以期更真实、准确地描述协会的运作和发展。其二，借助信息传媒技术，新闻网站、知网和微信实时动态关注协会的工作开展和新项目的运作，以便对村落和协会有持续性的追踪了解。

半结构访谈法（Semi-structured interviews）。即指按照一个粗线条式的访谈提纲而进行的非正式的访谈。该方法对访谈对象的条件、所要询问的问题等只有一个粗略的基本要求。访谈者可以根据访谈时的实际情况灵活地做出必要的调整，至于提问的方式和顺序、访谈对象回答的方式、访谈记录的方式和访谈的时间、地点等没有具体的要求，由访谈者根据情况灵活处理。在一些情况下，本研究结合事先准备的访谈提纲对T协会工作人员与村民展开半结构化的访谈，从而获取相关资料与信息。

无结构访谈法（Unstructured interviews）。又称深度访谈或自由访谈，即研究者在进入具体的田野实地之时，并不带任何的事先假定和认知，而是通过具体的实地参与、观察、问询等方式，在与被访对象的深度自由交谈中去收集资料、发现问题并形成研究者自己的认知与解释。本研究即针对不同村民个体进行一对一、一对多的访谈，来收集不同村民个体的第一手资料，以真实、客观、准确反映乡村民众的组织化实践。

第一章 文献综述与研究框架

第一节 文献综述

一 公共性理论回顾

作为政治学、社会学的经典概念,"公共性"具有十分丰富的内涵与广阔的外延。从最一般与最抽象的意义上来说,"公共性"关涉到人类社会的公共生活的本质意义与这种公共生活能够得以维系的全部行动、结构、价值与意义的要素。[①] 因此,围绕"公共性"展开的理论研究也就因学者所处的时代和社会的特征以及学者关注的公共生活的焦点的不同,而呈现十分复杂与多样的理论形态。因此,出于对本书的研究问题的关注,笔者选择当代社会作为时代背景,并以东西方社会的二元划分作为梳理线索,试对最切近当代社会公共性问题的相关公共性理论加以回顾。

---

① 田毅鹏:《东亚"新公共性"的构建及其限制——以中日两国为中心》,《吉林大学社会科学学报》2005 年第 6 期。

(一) 西方经典公共性理论回顾

自古希腊时代起，以柏拉图、亚里士多德为代表的哲学家就开始以城邦的政治社会生活为基础，对人类社会的一系列"公共性"问题展开思辨与研究。而人类社会进入资本主义时代后，以滕尼斯、涂尔干、韦伯为代表的社会学家则开始以人类文明从传统社会到现代社会的转型为基础，对社会的团结方式、公共道德、社会理性等关涉"公共性"的重大问题展开了系统性的研究。但是，"公共性"作为一个正式的理论概念，则是直到 1958 年才被阿伦特在其当年出版的经典著作《人的条件》里所第一次直接提出，并展开系统性的论述。而自此之后，"公共性"就跃入了西方理论界的研究视野，以哈贝马斯为代表的一系列学者，从各自的研究视角出发，就"公共性"问题展开争论，并形成了一系列当代经典公共性理论。

阿伦特以"公共世界"为核心的公共性理论。作为当代公共性理论的起点，阿伦特首先对"公共"与"公共性"做出了界定。阿伦特认为："'公共'一词首先意味着，在公共领域中战线的任何东西都可为人所见、所闻，具有最广泛的公共性。"[1] 因此，阿伦特对公共性的界定，首先是使公共性走出了私人领域，并提出了一个超出私人领域的公共领域范畴。而只有在私人领域以外的公共领域，人类生活的各种要素才能被他人所认知和感受，一切公共性的行动才能得以展开。进一步地说，阿伦特认为在公共领域的范畴里，社会的

---

[1] [美] 汉娜·阿伦特:《人的条件》，竺乾威译，上海人民出版社 1999 年版第 38 页。

人要参与到公共事务的商谈和行动之中，进而实现社会生活的公共性，以及人自身的社会性。"一个人如果仅仅去过一种私人生活，如果像奴隶一样不被允许进入公共领域，那么他就不能算是一个完完全全的人。"[①] 所以，阿伦特将公民参与公共生活的政治上的言论与行动权利视作公共领域的起点。而这种公共领域，或者说公共的范畴，在阿伦特看来对人类的文明与社会而言，同样具有本源性的意义。因此，阿伦特把公共性的领域作为"世界"与"自然"直接对立起来，并认为人所共同参与和建构的"公共世界"使人类社会能够从"自然"中区分出来，并且是社会性意义和价值的根源所在。综上可见，阿伦特的公共性理论是以"公共世界"为核心的公共理论，其第一次正式地将公共范畴与私人范畴区分开来，并强调人在公共生活中的政治性参与的重要意义，以及由此衍生出来的人类社会的"公共世界"的本源性价值。[②] 而阿伦特对公共性理论的论述，也使"公共性"在三重意义上获得了可以延展的空间：其一，作为客观实践的"公共性"，即人类社会所自然表征出来的公共生活与空间；其二，作为主观认知的"公共性"，即学者通过对人类社会的公共生活的研究所得出的相关描述与分析性的知识；其三，作为价值意义的"公共性"，即被阿伦特所强调的公共领域及其实践对于维系人类社会的价值与意义上的指向性。理论界后续的公共性研究，都是以阿伦特的相关论

---

① ［美］汉娜·阿伦特：《人的条件》，竺乾威译，上海人民出版社1999年版第45页。
② 袁祖社：《"公共性"的价值信念及其文化理想》，《中国人民大学学报》2007年第1期。

述为基本起点。

哈贝马斯以"公共领域"为核心的公共性理论。在阿伦特研究的基础上,哈贝马斯以公共领域这一具体实体与历史现象为研究对象,对公共性展开了历史性与社会学的理论建构。在哈贝马斯的研究视野里,公共领域不再是阿伦特意义上的无所不包的公共世界空间,而是具体指涉言谈与舆论的公共交往领域。哈贝马斯在《公共领域的结构转型》一书中,首先从历史社会学的分析视角出发,对欧洲社会的公共领域历史形态做出了三个阶段性的划分:古希腊城邦式的公共领域,欧洲中世纪的代表型公共领域,以及近代欧洲产生的市民型公共领域。古希腊城邦式的公共领域,是奴隶以外的自由民对城邦公共事务的商讨空间。欧洲中世纪的代表型公共领域,则是封建贵族内部的商谈领域,但背后则是主要以君主的意志为主导。而近代欧洲产生的市民型公共领域,则是以新兴资产阶级与市民为主体所占据的,依照其自由意志,围绕公共问题展开辩论与批判的一系列如报纸、咖啡馆等公共空间。而哈贝马斯对公共领域的论述,主要围绕近代欧洲产生的市民型公共领域而展开。哈贝马斯在《公共领域的结构转型》中对近代意义的公共领域给出了如下定义:"公共领域首先可以理解为一个由私人集合而成的公众的领域;但私人随即就要求这一受上层控制的公共领域反对公共权力机关自身,以便就基本已经属于私人,但仍然具有公共性质的商品交换和社会劳动领域中的一般交换规则等问题同公共权力机关展开讨论。这种政治讨论手段,即公开批判的确是史无前例，前所未有。"[1] 在此基础上，哈贝马斯对公共领域在当代社会的异化做出了论述，并认为福利国家的过度膨胀与消费主义的兴起等因素，导致了国家与社会的再度融合，以及私人世界与公共领域的再度融合，进而导致公共领域处于萎缩和异化的危机之中，其领地在不断缩减，其批判性和民主性在不断异化，公共领域的理想形态被衰变的公共领域形态所取代。因此，哈贝马斯对近代公共领域的论述带有实然与应然的双重属性。[2] 在前者意义上，公共领域仅仅意味着市民能够针对公共议题进行交往、辩论和批判的舆论空间与交往场所。在后者意义上，哈贝马斯期待公共领域能够具备自主性、民主性、开放性、批判性等特征，进而代表市民社会针对公共议题与公共权力机关展开互动和博弈。由此可见，哈贝马斯意义上的公共性，是围绕近代的市民性公共领域所展开的，这种公共领域的特征与本质属性构成哈贝马斯的公共性理论的核心特征。其一，哈氏的公共性是以商谈为核心内容，以达成批判性共识为终极目的；其二，哈氏的公共性是以国家与社会的分离为前提的，市民社会构成了公共性的基石与载体，并与国家呈现一定的对立与对抗性的关系；其三，哈氏的公共性以开放、批判、平等、自由、民主等原则作为价值内核。

桑内特以"公共人"为核心的公共性理论。桑内特在阿伦特与哈贝马斯研究的基础上，将研究的目光投射到近代资本主义社会的公共性人格的衰落问题上。桑内特在《公共人

---

[1] ［德］哈贝马斯：《公共领域的结构转型》，曹卫东、王晓珏、刘北城等译，学林出版社1999年版第32页。
[2] 李明伍：《公共性的一般类型及其若干传统模型》，《社会学研究》1997年第4期。

的衰落》一书中,从人的行动的视角将公共性界定为:"'公共的'行为首先是一种和自我及其直接的经历、处境、需求保持一定距离的行动;其次,这种行动涉及到对多元性的体验。这种定位不受时间和空间的限制。"① 桑内特从"公共人"的视角出发,集中考察了作为公共人的行动空间的城市空间的状态与变革及其对公共性的影响,以及作为公共人内在支撑的公共人格的特征与历史变革。桑内特认为,近代工业文明与城市社会的不断发展,反而使市民的公共空间呈现一定程度的萎缩,而其生活也不断向私人的亲密世界内向发展,进而衍生出一种内向而追求亲密的情感性人格。这种亲密关系与相应的人格,与公共性所要求的开放性的社会关系与外向化的公共性人格背道而驰。总之,桑内特的公共性理论,从公共性的实体领域转向了对参与公共生活的人的人格研究。其所指向的公共性,是一种对现代社会人格的价值期待。

卢曼以"合法至上"为核心的公共性理论。与阿伦特和哈贝马斯关注公共性的展开空间与参与实践的取向不同,卢曼更为关注作为公共性实践结果之一的公共决策在何种意义上具有正当性。② 卢曼认为,公共决策的正当性来源于公共决策是否遵循了相应的法律程序。如果一定的公共决策能够遵循国家所制定的法律程序,那么这个决策就是合法的,因而也就能够代表公众性,并因此获得公共生活中的正当性。在这个意义上,合法的决策就是具有公共性的决策。可以看

---

① 李世敏:《经典"公共性"理论辨析——兼谈中西差异》,《理论与现代化》2015年第1期。
② 李明伍:《公共性的一般类型及其若干传统模型》,《社会学研究》1997年第4期。

到，卢曼的"合法至上"的公共性取向与哈贝马斯的"公共领域"公共性取向存在极大的分歧。因为在哈贝马斯看来，公共决策的正当性更多地应来源于市民社会在公共领域里通过商谈、辩论、批判所达成的共识，而国家法律程序甚至在一定情况下也会成为公共领域的批判对象，因而公共决策的正当性从根源上来说，来源于作为生活世界的公共领域，而非作为系统世界的国家机构。[①] 而卢曼则认为系统世界的国家能够为法律程序提供坚实的根基，因而能够为公共决策提供基于程序正义的更为稳定的合法性基础，进而使公共决策获得公共性的意义。概而言之，卢曼的公共性理论带有更强的政治哲学色彩，更注重对公共决策的公共性意义的判断。

罗尔斯以"公共理性"为核心的公共性理论。与前几位理论家相比，罗尔斯的"公共理性"理论，将公共性理论进一步带入政治哲学的范畴，具有更强的抽象性和价值色彩。罗尔斯首先阐释了基于"重叠共识"的公共性的三个层次：第一层次是公民对正义原则和公共知识（理性信仰）的相互承认；第二层次是公民在已经接受的正义原则基础上对一般事实的相互承认；第三层次是公民对作为公平的正义基于自身而得到的完全证明的相互承认。[②] 进一步地说，罗尔斯指出"重叠共识"的公共性意义在于，社会成员能够对公平和正义有一种基本的公共的理解。在此基础上，即使是处于不同地位和拥有不同信念的人也能由此在公共交往中拥有一些基本的共识，并因而能够进行理性的公共行为。这种基于

[①] 李明伍:《公共性的一般类型及其若干传统模型》,《社会学研究》1997 年第 4 期。

[②] [美] 约翰·罗尔斯:《作为公平的正义》, 姚大志译, 上海三联书店 2003 年版第 10 页。

"重叠共识"的理性能力与实践就是"公共理性"。[①] 罗尔斯把这种公共性理论用于调适现代宪政民主政治框架下，国家与公民、公民与公民之间的相互关系。而这种"公共理性"之所以能够起到此种作用的根源在于，罗尔斯赋予了它对公平与正义的基本理念的承认和共识。[②] 因此，罗尔斯的公共性理论所关怀的是现代公共生活中不同关系与矛盾之间的合理调和，其所指向的是一种以公平和正义以及理性为基础的公共道德。因此，罗尔斯的公共性理论是具有政治哲学色彩、实践指导意义以及价值判断属性的。

综上所述，当代西方的公共性理论以阿伦特对"公共性"的研究为起点，以近代以来的资本主义政治与社会的转型为语境，对当代西方社会的公共性问题从社会学、哲学与政治学等不同视角展开研究，以回应西方社会的公共性衰落与建构的问题。阿伦特在最一般的意义上，对公共性做出了理论上的界定与讨论，成为后续公共性研究的基础。哈贝马斯与桑内特的研究以具体的公共性空间、实践、行动为对象，具有更强的社会学色彩。而卢曼与罗尔斯的公共性理论则偏向于政治哲学，带有更强的价值判断。这些研究构成了东亚社会近年来的公共性研究的理论渊源，其中尤以哈贝马斯的理论影响为大。

（二）东亚"新公共性"理论回顾

"公共性"概念在不同的时空和社会背景之下有其不同的实践逻辑与理论蕴涵，而不同社会中的学者也可以以"公

[①] 袁祖社：《"公共性"的价值信念及其文化理想》，《中国人民大学学报》2007年第1期。

[②] 李明伍：《公共性的一般类型及其若干传统模型》，《社会学研究》1997年第4期。

共性"为视角透视所处时代和社会的公共性问题,并形成独特的公共性理论。东亚的"新公共性"理论,就是当代东亚学者在对东亚社会的公共性状况的考察、反思和构想的基础上,所提出的基于东亚社会现代化进程的一种公共性理论。东亚的"新公共性"思潮发源于日本,并在日本形成了丰富而完善的理论体系。近年来,与日本社会具有相似性的其他东亚国家,如中国和韩国,也加入到"新公共性"的讨论中来。笔者试以日本学界的思潮为主要对象,对东亚社会的"新公共性"理论加以回顾和总结。

日本的新公共性思潮的兴起,是以20世纪下半叶日本社会公共生活的双重危机为背景的。一方面,随着现代化的不断推进与资本主义的高速发展,日本社会日益以欧美社会为榜样,进入了个体主义盛行的解放时代。在这种背景下,日本传统的带有传统儒家色彩的公共文化和道德,开始被作为现代性观念的个性、自由等个人主义文化与道德所取代。由于对个体主义的过度推崇,日本社会的公共生活遭遇了"原子化""功利化"等困境,陷入了公共性被个体主义消解的危机之中。另一方面,作为后发展国家,日本的现代化进程十分依赖国家政府作为主导性的推动力量,这导致日本社会的公共生活反而因为现代化进程的推进而陷入了一种对国家和政府的新的依赖之中。与中国、韩国等东亚其他国家一样,日本在其漫长的封建历史传统中,其公共事务与公共治理的承载主体都是"官"。"民"所代表的社会长期处于被"官"控制的状态,而只能以辅助的形式参与有限的公共生活治理。而"二战"后的日本,虽然建立了形式上的资本主义民主体制,但是在公共治理之中,国家政府仍然是作为主导型的力量存在，市民社会的发育与参与性仍然非常不足。因此，这种对国家主义的依赖，导致日本的公共生活缺乏市民社会的参与，而造成了一系列公共治理低效和民主化不足的困境，陷入了"管控型"社会的危机之中。

面对日本社会的公共性危机，日本理论界学者开始尝试建构一种新的公共性理论以应对危机，重构日本社会的公共生活。20世纪70年代，哈贝马斯的公共性理论著作《公共领域的结构转型》在日本出版。哈贝马斯对西方市民公共性与公共领域的论述，引起了日本学界的极大兴趣，并提供了宝贵的理论和思想资源。以此为契机，日本的学者们自20世纪80年代，尤其是90年代以来，展开了一场关于日本公共性的大讨论，并形成了基于东亚尤其是日本社会的本土化的"新公共性"的理论思想。

首先，日本学者以哈氏等西方学者的公共性理论为参照，对东亚尤其是日本社会的公共性历史状况、特征与转型做出了考察。黑田由彦等人指出，不同于西方近代以来的市民社会主导的公共性形态，日本社会在历史上长期处于政府、官僚主导的行政主导型公共性治理形态。而进入现代化阶段的日本社会，由于国家主导的现代化形态以及传统儒家文化的影响，市民社会发育不足，仍在很大程度上处于行政主导型公共性治理形态中。但是，现代国家的建立与改革以及市场经济的发展，已经在使日本开始进入从集权的政府官僚主导的发展形态，向分权的市民社会主导发展的过渡转型之中。[①]

[①] [日] 黑田由彦：《公共性の転換と地域社会》，《地域社会学会年报》2003年第15期。

其次，在对日本的旧公共性形态考察和判断的基础上，一些日本学者通过辩证汲取西方公共性理论资源并将之本土化的方式，开始构建更为契合东亚社会的"新公共性"理论图景。20世纪90年代，佐佐木毅、金泰昌等东亚公共哲学学者召集了不同学科领域的代表性学者，针对东亚公共性问题展开了一场思想讨论，试图为日本乃至东亚社会的公共社会转型开出一条"新公共性"的理论与实践道路。[①] 因此，在这场讨论中形成的"新公共性"理论具有强烈的实用主义色彩，为东亚公共性转型勾勒了一幅理念型的图景。第一，学者们借助哈贝马斯提出的市民社会作为公共性基础的理论，对东亚社会存在的国家政府的行政主导型公共性展开批判，并指出"新公共性"的基础性含义使市民社会成为公共性的主导性力量之一，从而使公共性由被政府垄断走向一种多元性的扩散状态。第二，日本学者结合东亚国家的后发现代化状况与历史文化特征，对西方的公共性理论进行了扬弃与超越。以哈贝马斯为代表的西方公共性理论，是以西方自启蒙运动以来的个人主义、自由主义价值以及市民社会的自发发育为基础的，因而其公共性理论强调市民社会的主导性，带有对国家公权力的制衡与对抗色彩，呈现社会与国家的二元对立关系。但是，日本学者认为东亚社会中公权力对于公共生活的构建与现代化仍然具有重要意义，因此"新公共性"理论愿景是在日本社会构建起国家"公"权力与社会的"共"领域共同作为公共性承载主体并以合作而非对抗的

---

① 俞祖成：《日本"新公共性"指向的NPO政策体系分析》，《中国非营利评论》2011年第2期。

方式对公共事务进行商讨和治理。

最后，日本学者通过对日本乃至东亚社会的国家、社会、私人领域的历史、文化、社会等方面的考察、思辨与研究，提出了达致"新公共性"的理论机制与实践路径。西方的公共性理论往往将国家、社会、私人领域在相互对立的关系中加以理解。桑内特认为私人的亲密关系与情感倾向会阻碍公共人格的建立，从而导致现代人难以从私人生活领域走向公共领域。而阿伦特也将私人领域与公共领域相互对立起来，认为二者之间有明确界限。哈贝马斯则明确提出了公共领域与私人领域的分离，生活世界与系统世界的分离，进而将公共领域置于与国家与私人相互对立和对抗的关系中。哈贝马斯认为市民社会相对于国家的独立性，构成了公共领域对公共问题展开批判和对抗权力机关的社会基础。但是，日本学者基于东亚社会的历史与现实，重新评估了国家、社会、私人领域的关系，并认为东亚社会的"新公共性"可以从三者的互动和转化中开发出来。山胁直司等学者主张通过挖掘东亚的思想文化资源，超越西方社会传统的"国家—社会"二元模式论，在批判公私一元论、克服公私二元论的基础上，提出相关性三元论，即在相互关联中把握"政府的公（制度世界）—民的公共（公共世界）—私人领域（生活世界）"这三个层面，通过公私对话、公私协动、公私开新这三个层面的互动，倡导全面贯彻"活私开公"理念，以此构建出"新公共性"。[①] 具体而言，"新公共性"理论一方面主张重新认识私人领域中的公共性色彩，并力图从私人领域的

---

① ［日］山胁直司：《公共哲学とは》，東京：筑摩新書2000年版，第36页。

权利、道德、文化与关系中开出新的公共性。东亚社会的儒家文化与传统道德及社会网络，以及现代个体的私人权利的诉求被认为可以作为个体志愿参与社会的资源。① 同时，"新公共性"理论认为，在东亚社会国家的公权力对于公共性的承载乃至公共性的培育仍然具有不可低估的价值，国家权力可以通过开放公共空间，与社会、私人就公共问题与公共事务展开讨论和合作，进而培育市民社会，并形成"公""共"协动的"新公共性"社会治理格局。

综上所述，相较于以分析和批判公共性衰落为主题的西方的公共性理论，东亚的"新公共性"理论的主旨在于构建契合东亚社会的公共性转型蓝图，具有强烈的实用性与指导社会实践的意义。而"新公共性"理论之"新"在于，对东亚传统的行政主导型的公共性格局，以及西方近代以来市民社会主导型的公共性格局的超越。"新公共性"理论所构建的理念图景，是以政府为主体的"公"与以个体参与的市民社会为主体的"共"协同互动，在一种动态的平衡关系中共同生产公共性的社会状态。在这种社会图景中，国家与社会的关系既不是西方近代的二元对立关系，也不是东亚传统的国家统领社会的不平衡关系，而是一种全新的以公共事务治理为导向的动态平衡与协同互动的关系。

二 农村公共性问题研究述评

当前中国农村社会公共性问题研究的共同核心特征在于将农村社会的公共性问题化，即普遍认为当下中国农村

---

① ［日］斋藤纯一：《公共性》，東京：岩波書店2010年版，第94页。

社会的公共性面临着一定的危机，并试图对农村公共性危机的成因、状况、走向与破解加以理论层面和实证层面的探讨。

（一）农村公共性的界定

农村公共性问题的研究起点，是对农村社会的公共性加以概念上的界定和阐释。学界对农村公共性的界定大致具有相同的实用性和实证性倾向，即虽然以西方的公共性理论作为研究展开的基础，但是却回避对公共性核心理论问题的探讨，而采取相对简约和具有操作性的概念界定。吴理财等认为："对于'公共性'的概念界定内容非常丰富，但是对于公共性的讨论不能仅限于过往历史，还应回归到现代社会现实中来探讨。公共性是从社会生活层面来理解的，也就是在现代社会中如何建构一种新的公共生活。公共性是社会公共生活的基础，也是维系社会公共生活的基本原则，它涵盖了社会生活中的公共政治、公共交往、公共意识等内容。"[①] 因此，农村社会的公共性也就意味着维系农村公共社会的基本原则，并涵盖各种公共生活的内容。张良从与私人领域相对立的角度理解公共性，认为："公共性是超越个体和家庭层面，能够动员社会成员参与公共事务的组织性力量、凝聚性权力、权威性认同。"[②] 田毅鹏则从国家与社会的关系角度出发对农村公共性加以解释，并认为："从一般意义上讲，公共性的内涵比较复杂，既包括其共同体内部自生的公共性，也

---

① 吴理财、刘磊：《改革开放以来乡村社会公共性的流变与建构》，《甘肃社会科学》2018 年第 2 期。
② 张良：《村庄公共性生长与国家权力介入》，《中国农业大学学报》（社会科学版）2014 年第 1 期。

包括由政府承载的公共性。"① 综合不同学者对农村社会公共性的基本判断,我们可以认为农村社区的公共性也就是超越于私人领域,用以维系农村公共生活的一系列结构与法则。进一步地说,不同学者又根据自己的研究取向对农村社会的公共性加以操作化的划分。学者们认为农村社会的公共性包括公共利益、公共交往、公共空间、公共服务、公共精神等方面的内容。此外,一些学者还将公共性作为一个程度区分的概念使用,即用以判断农村社会的公共结构与规则所具备的公开性、开放性、包容性的程度。

(二) 整体视角下的农村公共性问题研究

当前学界普遍认为农村社会的公共性处于流失和衰落的危机之中,一些学者或从农村公共性的整体状况出发对其危机的状况、后果与成因做出说明和解释,并探索建构公共性之出路。一些学者尝试从历史变迁的角度展示农村社会的公共性的整体性衰落。张良以国家权力的介入和退出为观察视角,揭示了当下农村公共性从家族关联和行政关联到个体化消解的状况。他发现"自人民公社解体宣告集体化时代结束,国家权力在乡村社会的介入程度与介入方式从一个极端走向另一个极端,即从强大渗透乃至延伸至乡村社会每一个角落的全能主义,到逐渐从乡村社会退场乃至销声匿迹的悬浮型政权这一迅速转变使得乡村社会无所适从:行政强制关联式公共性因人民公社体制解体而随之解体,家族关联式公共性因集体化时代国家权力的入

---

① 田毅鹏:《村落过疏化与乡土公共性的重建》,《社会科学战线》2014 年第 6 期。

侵早已分崩离析，而村庄内生的整合力量与组织力量短时间无法自发形成，这恰恰是理解当前村庄公共性消解的重要背景"。① 吴业苗则以改革开放为切入视角，观察到国家权力的淡出市场经济的发展、农村生产方式和政治方式的转型，所带来的农村公共利益、公共空间和公共精神的公共性的衰落。同时，他还从村落类型学的划分出发，阐述了不同类型农村所面临公共性危机的成因。他认为传统村落社区公共性的衰落源于农村发展变迁过程中公共性结构的弥散；农村集中社区的问题则源于城乡公共性的混合所带来的混乱；而城郊农村公共性变异的问题根源于城乡间不平衡的博弈关系。② 吴理财则从公共空间萎缩、公共交往减少、公共服务缺位、公共规则解体、公共精神凋零等五个层面对改革开放以来农村社会公共性的整体性衰落加以阐述。他认为造成乡村社会公共性流变的原因可以看作国家权力、社会结构、社会制度、市场原则、文化传统等因素综合作用的结果。在乡村治理方面，乡村社会公共性的流变导致了乡村治理主体力量缺失、乡村治理丛林原则肆虐、乡村治理整体能力弱化。③

还有一些学者从特定的社会背景和理论视角入手，对农村公共的危机加以描述和阐释。吕方以"社会团结"的理论视角切入，发现国家权力的退出与农村经济、政治领域的改

---

① 张良：《村庄公共性生长与国家权力介入》，《中国农业大学学报》（社会科学版）2014年第1期。
② 吴业苗：《农村社会公共性流失与变异——兼论农村社区服务在建构公共性上的作用》，《中国农村观察》2014年第3期。
③ 吴理财、刘磊：《改革开放以来乡村社会公共性的流变与建构》，《甘肃社会科学》2018年第2期。

革和转型导致了农村社会的"原子化"困境，进而呈现总体性的公共性危机。作者指出发展农村社会组织，是重建农村中间层以再造乡土团结与新公共性的重要手段。[①] 田毅鹏则以"过疏化"为分析视角，揭示了农村社会由于工业化和城市化对农村人口的吸纳，而进入"过疏化"的困境。这种过疏化进而导致了农村公共性系统的危机，表现为村落内部的共助体系和互助体系的解体危机和政府主导的公助体系，因农村人口不足而难以提供有效的公共服务与管理的危机。针对"过疏化"导致的公共性衰落，作者指出应通过新的人口政策，为农村社会培育公共性承载主体，并在反思单一经济开发政策的基础上，重新挖掘农村社区的文化价值，实现农村地域的综合开发与振兴。[②] 应小丽和钱凌燕则以"非农化"为研究背景揭示了乡土公共性的三重转换，呈现凝聚功能、教化功能、维稳功能的衰退。而"公共空间碎片化""公共舆论娱乐化""公共意识趋利化""公共责任淡漠化"则既是农村公共性衰落的表现，也是农村公共性再生产的困境所在。作者指出重视集体经济发展，夯实村庄经济基础；推动服务导向的社会资本建设，建构信任型村庄关联；扩大村民有序参与，形塑乡土公共意识，是构建农村公共性的克星手段。[③]

[①] 吕方：《再造乡土团结：农村社会组织发展与"新公共性"》，《南开学报》2013 年第 3 期。

[②] 田毅鹏：《村落过疏化与乡土公共性的重建》，《社会科学战线》2014 年第 6 期。

[③] 应小丽、钱凌燕：《非农化背景下乡土公共性的再生产与乡村治理变革》，《浙江师范大学学报》2015 年第 6 期。

（三）局部视角下的农村公共性问题研究

对于农村社会呈现的公共性危机，还有一些学者则选取农村公共性结构的一个侧面对其危机的状况、后果与成因做出说明和解释，并为农村公共性的构建探索出路。一些学者对农村社会的公共伦理文化展开了研究。其中尤其以申鲁菁和陈荣卓的研究最具有代表性。他们认为乡村共同体的变迁轨迹是乡村公共伦理文化变迁的基本动力。从这一关系视角出发，作者展示了国家权力入场与市场化改革两个基本动力对乡村共同体的变革，进而揭示了乡村公共伦理文化的三个阶段与两次转型。在现代国家权力尚未正式入场之前，传统的乡村共同体以松散的聚落形式存在，家族共同体是其基本的组织单元，小农是其基本的经济生产单位，构成一个地域范围内的熟人社会。与此相对应，乡村的公共伦理文化在本质上就是家族伦理文化的放大与延伸形态。因而呈现差序格局的以私人道德为核心的文化逻辑，"关系圈子"构成其外在形态，表现为以人际互惠为特征的特殊主义关系网络。而在现代国家权力正式介入农村社会之后，乡村共同体在国家政府的直接影响下以人民公社的形式再组织起来，国家的意志与逻辑被贯彻其中。与此相对应，以革命主义和国家主义为基调的集体主义成为乡村公共伦理文化的主色调。这种集体主义将传统的家族主义压制到农村公共伦理文化的潜在部分，进而使乡村社会的人际关系被国家权力与集体目标组织起来，集体公德成为乡村公共伦理文化的外显逻辑。但是，由于缺乏对农村共同体的内生性变革以及对共同体内部的传统价值的重视，这种集体主义价值并未完全内化于乡村公共伦理文化之中。而在国家权力逐步退场以及市场化改革兴起之后，封闭的乡村共同体开始被卷入到市场化、工业化和城市化的浪潮之中，乡村传统的经济形态、人口状况以及基层治理模式都受到巨大冲击，进而乡村共同体进入一个半开放、半流动以及关系圈子与基层组织消解的状态之中。与此相对应，农村的公共伦理文化进入一个多元、无序的混乱状态。一方面，农村社会的封闭性与熟人社会被资源及人口的流动所打破，进而使现代社会的契约精神、权利意识、公民意识等异质性因素进入农村公共伦理文化之中。另一方面，由于传统共同体形式的延续，家族关系伦理文化和差序格局的逻辑仍然在乡村公共伦理道德中起重要作用。但是，由于农村社会变革的滞后性以及城乡二元结构的延续，导致农村的公共文化无法完全向现代文明过渡，也无法完全退回到传统观念之中，因而呈现一种缺失公共关怀的家庭庇护与个人主义的混合状态。这直接导致乡村公共伦理文化的公共性的极大衰退。对此，作者提出应该发挥以伦理为本位的传统公共文化的公共性价值，促使基于契约精神和公民意识的公共文化的发育，并将二者巧妙地融为一体，促进农村公共伦理文化从混乱走向有序。[1]

一些学者从乡村公共空间入手对农村的公共性危机与重建展开研究。张诚和刘祖云认为，公共性是乡村公共空间的核心属性，是维持其生存和发展的支撑条件，也是未来乡村公共空间发展的重要原则和方向。乡村公共空间的公共性体现在可达性高的公共场所、合作参与的集体行动、多元包容

---

[1] 申鲁菁、陈荣卓：《现代乡村共同体与公共伦理文化诉求》，《甘肃社会科学》2018年第2期。

的空间理念、混杂复合的社会功能和公益共享的价值追求等五个方面。但处于转型期的乡村，村公共空间的发展面临着可达性不足、公共参与的缺失、空间发展理念的迷失、社会功能的弱化以及公共议题的失语等公共性困境，给社会整合和乡村治理带来负面影响。在乡村振兴的新时代背景下，需要从共建、共治、共享三个方面共同推进，重塑乡村公共空间公共性。① 张良根据公共交往类型及其相应的承载空间场所，将乡村公共空间划分为信仰性公共空间、生活性公共空间、娱乐性公共空间、生产性公共空间以及政治性公共空间。这是在中观层面上对乡村公共空间进行的理想类型划分，以便与公共规则、公共舆论、公共精神等概念形成对话。当前，乡村社会由封闭、静止、同质走向开放、流动、异质，个体逐步从原有的宗族、家庭、阶层、社区、集体之中抽离出来，传统意义上的乡村公共空间在个体化进程中逐渐趋向衰败，进而对乡村社会整合产生不利影响。重建乡村公共空间的核心是建构乡村公共性，着力点是农村民间组织建设和公共文化建设，而其关键则是发挥村庄积极分子和各类精英的带头作用和示范效用。②

（四）对相关研究的简要评价

当前学界对农村公共性问题的研究的主要贡献有三点。第一，相关研究已经将农村的公共性做出了相对一致的界定，并将这一概念结合农村公共生活的特征与状况做了具体

---

① 张诚、刘祖云：《乡村公共空间的公共性困境及其重塑》，《华中农业大学学报》2019年第2期。
② 张良：《村庄公共性生长与国家权力介入》，《中国农业大学学报》（社会科学版）2014年第1期。

的解释和操作化的划分，这使得相关研究的展开以及对话和讨论成为可能。第二，相关研究从不同的角度对农村公共性的衰落和危机进行了阐释与解读。国家权力在乡村领域的变动、市场化改革、城市化的兴起等因素被认为农村公共性危机的关键性因素。农村的公共性状况被从历史的角度做出了阶段性的划分，不同时期的公共性阶段性特征被揭示。而农村公共性的不同组成部分基本的特征和衰变情况也被一些研究阐述出来。第三，相关研究从不同角度指出了重建农村公共性的可能路径与方式。

但是，农村公共性问题的相关研究也仍然存在一些不足与可以继续推进研究的空间。第一，相关研究倾向于对结合农村社会状况对公共性概念进行简约化与实用化的界定和理解，导致公共性的深厚理论内涵被忽视，进而使农村公共性问题的研究缺少东西方经典公共性理论的支持。这使得相关研究的理论深度不足，一方面降低了相关研究的解释力度，另一方面也无法与经典公共性理论进行对话并拓展公共性理论。第二，相关研究大多认为国家权力的退场以及乡村基层社会治理的转型是导致农村公共性衰落与危机的关键性因素，但是却较少论及从重构农村社区治理格局，重建基层社会国家、社会、个人的关系的角度入手对农村的公共性加以重建。国家确立的乡政村治制度，并非希望国家完全从基层社会撤离，而是试图建立一种基层政府与村民自治相互配合的治理机制以进行农村公共事务的治理。但是，基层政府的悬浮状态与治理能力和意愿的不足，以及基层自治组织的行政化与农民组织化缺失的状态导致理想的乡政村治无法落实，这是农村各种公共性形态衰败的结构性根源，也是重建农村公共性不可回避的关键性环节。第三，相关研究对于农村公共性的重建大多从国家政府与农村社会两个角度出发，而较少论及作为社会部门的公益组织的作用。农村社会的内生力量是变革农村公共性的基础，但是在农村社会内部相关资源与动力缺失的情况下，则需要外部力量的干预和推动。国家政府毋庸置疑是重建农村公共性的主导性力量，但是历史经验表明国家权力对农村社会的过度与直接的干预反而可能造成农村公共性的异化。而公益组织作为一种新兴的社会力量，其在参与农村社会治理与农村社区建设中，正凭借其独特优势发挥出不可低估的作用，并与政府和市场形成优势互补。因此，后续的相关研究有必要更多地论及公益组织在农村公共性重建中的作用。

正是基于对农村公共性问题的相关研究的评价和判断，本书试图以"新公共性"理论作为基础，对农村社会的治理格局的重构可能展开研究，并着重关注公益组织在其中发挥作用的可能机制，从而为农村公共性重建提供新的答案并力图拓展"新公共性"理论的适用范围、推进"新公共性"理论的本土化。

三 公益组织参与农村公共性建构研究述评

近些年来，公益组织作为一股社会性的力量也正逐步参与到重建农村公共性的事业之中。一些公益组织通过为农村提供公共服务的方式，间接地参与到农村公共性的建构之中。同时，也有一些公益组织通过在农村培育社会组织和进行社区营造等方式，直接地介入农村的公共性建构之中。尽管目前国内学界还较少从公共性的理论视角对公益组织介入农村社区服务与治理进行考察，但是已有很多学者对公益组织在农村社区的行动研究涉及了公共性问题。因此，笔者试从公共性的视角对学界相关研究进行梳理和评价。

(一) 公益组织参与农村公共性建构的路径研究

一些学者在理论上论述了公益组织参与农村公共性建设的路径与机制。刘宜君从公益组织参与农村社区营造的角度，论述了公益组织参与农村公共性构建的优势和参与方式。社区营造就是从社区建设出发，集各种社会力量和资源，通过动员社区人员，完成自我组织、自我治理和自我发展，与农村的公共性建构的内涵具有一致性。作者认为，公益组织可以通过整合多种资源以提供多种服务满足农村社区需求，增强农村社区凝聚力以有效提升农民的社区认同感与参与度，发挥沟通桥梁的作用以增强农村社区营造的协同效应等三个方面的优势和作用参与到农村的社区营造之中。[①]

另外，也有一些学者关注公益组织在农村社区的实践行为，以具体的案例对公益组织参与农村公共性建构的机制与路径加以总结和分析。比如，有学者通过对公益组织介入农村公共空间的建构的案例研究，揭示了作为公共性范畴的公共空间是如何被公益组织加以建构的。任怀玉以农村社区公共空间为切入点，观察研究了两个公益组织在农村社区参与社区建设的过程，发现公益组织能够给通过建构农村公共空间的方式推动农村社区的公共性建设。作者认为在农村社区建立稳定开放、参与共享和获取资源的关系网络是公益组织

---

① 刘宜君：《新时代社会组织参与农村社区营造的困境与出路》，《河北北方学院学报》2019 年第 1 期。

建构农村公共性的关键路径机制。社区关系网络建立的内涵在于，公益组织需要与农民建立良好的信任关系，一方面把社区内部的村委会吸纳到关系网络之中，另一方面要把政府、志愿者、专家等外部主体吸纳其中，进而使社区出现良性循环的信任与互助关系，从而为农村的公共性建设提供关系网络的支持。农村社区的再组织化是农村公共性重建的重要组成部分，一些学者从公益组织参与农村社区的组织化的角度出发，对公益组织在这一过程中发挥其功能的路径机制展开研究。[①] 向家宇观察研究了一个扶贫社会组织在三个农村社区的组织化建构实践，并将其与政府在农村社区的组织化建构实践相对比。作者发现公益组织主导的组织化过程是以参与式为核心的，采取自下而上与自上而下的方法相结合的规划和管理过程，体现了公益组织的专业性的工作方式。因而相比于政府部门，公益组织的组织化实践具有更强的社会性与专业性特征，能够将社区的地方性知识与公益组织的专业化工作方式相结合。但是，公益组织在政策和资源上处于劣势，因而可以与政府在这一过程中，形成优势互补的角色关系。[②]

（二）公益组织参与农村公共性建构的困境研究

学者们在揭示公益组织参与农村公共性建构的路径机制的同时，也发现公益组织在农村社区的行动遭遇了一些困境，其公共性建构的效果有时并不尽如人意。

---

① 任怀玉：《农村社区公共空间研究——基于 NGO 参与农村社区建设的个案研究》，《中国行政管理》2011 年第 10 期。

② 向家宇：《贫困治理中的农民组织化问题研究》，华中师范大学，博士论文，2014 年。

一些学者从宏观的角度出发,对公益组织在农村进行公共性建构的可能困境及其原因作了描述和分析。比如,刘宜君从农村社区、政府部门、公益组织等方面论述了,公益组织在农村社区中进行社区营造所可能遭遇的困境与原因。作者认为农村社区营造基础薄弱导致社区营造任务艰巨,而政府在资金方面的支持不足,以及制度法规方面的不健全使公益组织在农村社区的建设工作缺少足够的资源和制度政策上的保障,公益组织自身由于其专业化水平尚有不足,在农村社区的影响力也较低,制约了其在农村社区进行社区营造的效力与力度。[1]

近年来,一些学者开始从宏观理论视角转向微观的实证视角,对公益组织在农村社区公共性建构遭遇困境的深层机制加以探讨。李荣荣通过对一个公益组织在乡村社会开展志愿项目的深入研究,发现公益组织所持有的现代公民道德与传统农村社会所持有的乡土道德的互惠原则具有一定的差异性与矛盾性,因而可能会造成双重困境:其一,乡村社会无法在文化理念上理解和认可公益组织,进而导致公益组织无法扎根融入当地社区;其二,公益组织缺乏对当地社区的文化道德的理解,而使乡村社会难以按照公民社会的价值理念转型。[2] 李荣荣的研究突破性地展示了公益组织与农村社区之间的现代性与传统性之间的矛盾,并且从文化道德的视角揭示了公益组织参与农村社区的公共生活的重构的可能困

---

[1] 刘宜君:《新时代社会组织参与农村社区营造的困境与出路》,《河北北方学院学报》2019年第1期。
[2] 李荣荣:《作为礼物的现代公益——由某公益组织的乡土实践引起的思考》,《社会学研究》2015年第4期。

境，及其内在的深层次原因。

孙飞宇等人，对一个在农村开展扶贫的大型国际公益组织展开研究，发现公益组织在农村扶贫的过程中还同时具有按照现代社会理念改造农村社区的公共性结构的价值诉求，如将传统的小农改造为具有市场理性与社会公德的个人。但是，作者发现这样一个具有明确理念与行动目标，以及与之相应的严格制度建设与纪律要求的公益组织，会在具体实践中，无法按其意愿对农村的政治、社会、文化结构加以改造，而不得不做出种种妥协，才能使其项目在形式上运转下去。公益组织按照公民社会理念"生产社会"的目标在具体的组织环境与组织实践的互动中落空了，而该组织自身甚至会逐渐沦为地方社会再生产的空间。[①] 孙飞宇等人的研究具有极强的问题意识、批判性与理论穿透力。他们深刻地揭示了公益组织虽然在一定程度上通过项目的方式为农村社区提供公益服务、改变一些农村社区的既有观念和结构，但是更多情况下却往往无力在深层次上变革农村社区的公共性结构。孙飞宇等人认为，这种困境一方面来源于公益组织自身的理念与目标较为脱离实际，而采取的制度与实践策略也缺乏可行性与变通性；另一方面则源于地方社会既存的政治、社会、文化结构具有极强的顽固性与影响力。

在上述研究的基础上，程士强进一步深入分析农村社会内部的结构性机制，为公益组织在农村社区的公共性建构困境探寻文化与社会的双重原因。程士强研究了一个具有极强

[①] 孙飞宇、储卉娟、张闫龙：《生产"社会"，还是社会的自我生产？以一个 NGO 的扶贫困境为例》，《社会》2016 年第 1 期。

公益性的民间小额信贷组织（社会企业），借鉴格莱珉模式在农村社区推广小额信贷，并试图重建农村社区公共性的实践过程。作者发现，该组织在农村社区推行的信贷模式无法被有效落实、运转困难，而试图重建社区公共性的努力也同样付诸东流。而出现这种困境的根源，作者认为在于农村社区的文化观念和社会资本无法为公益组织的行动与推广的制度模式提供足够的社会基础。一方面农村固有的地方认知观念系统，与公益组织所持有和试图推广的现代公民社会理念存在极大的差异性，进而导致公益组织及其行动在农村社区无法获得足够的合法性支持，陷入文化排异的组织"脱域"困境。另一方面，农村社会匮乏的社会资本和较低的社会整合度，使得公益组织很难进行有效的社会动员，进而导致公益组织的投入大量资源的动员行动被社区成员的利益导向的策略性行动所扭曲和消解，陷入资源投入"过密"的动员困境。[①]程士强的研究，深刻地揭示了农村社区的公共性结构特征，并发现作为公益组织外部环境的农村社区文化社会结构可以从文化排异与社会整合两个角度对公益组织构建公共性的行为造成阻力。因此，公益组织必须在农村社区中面对"本土化"的问题。过低的本土化程度会导致孙飞宇等揭示的"悬浮"困境，而过度的本土化又可能导致公益组织被农村社区"同化"的困境。因此，农村社区自身的社会文化结构状况是公益组织能否成功进行公共性建构的关键原因。

[①] 程士强：《制度移植何以失败？——以陆村小额信贷组织移植"格莱珉"模式为例》，《社会学研究》2018年第4期。

(三) 对相关研究的简要评价

公益组织参与农村公共性建构路径的相关研究的主要贡献在于，既有的研究在理论上证明了公益组织相对于政府、市场部门参与农村公共性建构的优势和可能性，展示了公益组织建构农村公共性的具体实践面向，归纳了公益组织参与农村公共性构建的可能路径与机制。而相关研究存在的不足可能在于低估了公益组织在农村社区开展公共性建构的难度，将公益组织在农村社区进行的一些表层化的变革高估为对农村社区的深层次改造。

公益组织参与农村公共性建构困境的相关研究的主要贡献在于两个方面。其一，相关研究发现公益组织在农村社区的实践行动，往往并不满足于为农村社区提供公共产品而是试图按照现代公共性的理念，对农村社区进行一定的变革。因而，从后一个角度看，相关研究认为公益组织在农村社区"生产社会"的目标往往无法像"生产公共服务"一样被真正实现。这即公益组织参与农村公共性建构困境的最深层含义。其二，相关研究对农村社区的政治、社会、文化结构展开了深刻的分析，并将农村社区的既存社会结构与公益组织的理念与行动的张力作为分析的视角。相关研究的不足之处在于两个方面。其一，相关研究可能低估了农村社区既存公共性结构的变革潜力。如今的农村社区已经不再是传统的乡土社会，而是受市场化、城市化等现代性动力影响的半乡土社会，其内在特征在不同程度上存在向现代社会转型的趋势。而即便是农村社区的传统结构所展现出的社会功能与自我延续的能力，也同样可能具有向现代社会转型的潜力。其二，相关研究可能低估了公益组织对农村社区的适应性与建构公共性的能动性。公益组织的专业性和反思性特征，决定了公益组织有可能对农村社区的社会结构特征进行深入的了解、认识与反思，因而有可能通过策略性的手段平衡自身嵌入农村社区与变革农村社区之间的张力。

第二节 研究框架：以"新公共性"为理论视角

根据文献综述部分对"新公共性"理论的归纳与总结，我们可以知道"新公共性"理论兼具现实预设与理论分析的双重属性。因此，本书将"作为农村社区治理格局变革蓝图的'新公共性'"作为实证研究展开的叙事线索与基本框架。而将"作为农村社区治理格局变革逻辑的'新公共性'"作为理论研究展开的逻辑线索与基本框架。而"新公共性"理论对社会治理中"私""共""公"的划分与界定则构成本书的分析性概念。

一 作为农村社区治理格局变革蓝图的"新公共性"

根据前文对公共性理论的综述，我们可以明确，新公共性理论是日本学界将公共性理论本土化之成果，其核心在于对公共性承载主体及其相互关系的判断。公共性本身内涵丰富且随历史情境不断变化和拓展，但是就其最普遍和抽象的共识而言，公共性意指维系公共生活的价值、结构、法则和事业。① 公共性的承载主体，也就是生产和维护这些维系公共生活的基本要素的社会主体。以今田高俊为代表的日本学者们认为近代以来的西方社会公共性由市民社会所承载，表现为"市民社会的公共性"，而东亚社会历史上长期以来都是由"公"承载公共性，表现为"行政主导的公共性"。前者即哈贝马斯所概括的以公共辩论为核心的公共领域，其与私人的生活世界相分离，并对抗来自国家和市场对于公共生活的侵蚀。后者则是政府排斥市民社会对于公共事业的参与，垄断公共性的生产。② 可见，就公共性承载主体的维度而言，东西方传统的两种公共性具有内在的一致性，即强调公共性承载主体的垄断性和排他性，进而在国家与社会主体之间呈现相互对抗的关系。在20世纪90年代的日本"公共性复兴运动"中，日本学界试图超越官民对立，所构建的国家"公"权力与社会的"共"领域共同作为公共性承载主体并采取合作而非对抗的方式生产公共性的理论体系，即为新公共性理论。具体而言，"新公共性"理论愿景是，构建起政府与以NPO部门为核心的民间主体基于对等、独立与自治的原则共同承担公共性的社会治理格局。

如果我们把"新公共性"理论对于官与民在公共性承载上的相互关系的判断，投射到中国的农村社区中，我们可以看到"新公共性"理论的价值内核，其实正是对应着农村社区治理格局变革的蓝图。当前农村社区治理衰败的重要根源在于，自上而下推进的村民自治制度并没有建立起有效的自

---

① 吕方：《再造乡土团结：农村社会组织发展与"新公共性"》，《南开学报》2013年第3期。
② 今田高俊、朱伟珏：《拓展新的公共性空间》，《社会科学》2007年第12期。

治结构。[①] 村民委员会过度行政化并没有真正成为村民利益的代理人，而村民自发的志愿组织寥寥无几，经济合作组织常被少数人或公司组织操纵。农村社会自治主体的缺失或异化，使得农村的自治结构处于失调甚至无主体的状态。在"新公共性"理论的视角下，中国当下的许多农村社区自治结构的失调根源在于，人民公社解体之后以政府行政权威为主导的"旧公共性"走向消解，而家族关联的"旧公共性"又早已分崩离析；[②] 农村自治组织虽然可以在一定程度上承担"公"的角色，却又因其悬浮型而较少参与社区内部治理，而农村社区内部的内生组织力量又难以自发形成。由于缺乏有效的自治主体，政府的政策推行就没有合适的承接主体，村民也难以以组织的形式与政府进行沟通协商，这使得宏观的"乡政村治"的治理布局无法真正落实在微观的农村社会场域之中。因此，要解决农村社会的治理危机就应当推进农村社区的"新公共性"建构，即培育和革新农村社会的治理主体，亦即实现有效的农民组织化，进而形成基层自治组织与其他农村社会组织合作共生、协同治理的局面，重构农村社会的微观治理格局。

在"新公共性"理论预设的农村社区的新治理格局图景之中，"私"意味着处于私人生活领域中的个体，"共"意味着处于公共领域中的社会组织，而"公"意味着处于公共领域中以政府为主的行政性权威。由于，本研究局限于一个微

[①] 陶传进：《草根志愿组织与村民自治困境的破解：从村庄社会的双层结构中看问题》，《社会学研究》2007年第5期。

[②] 张良：《村庄公共性生长与国家权力介入》，《中国农业大学学报》（社会科学版）2014年第1期。

观的农村社区之中，而该农村社区的基层自治组织具有很强的行政化倾向，本书将基层自治组织理解为代表"公"权力在基层进行社区治理的行政末梢。农村社区内的正式的社会组织与非正式的组织网络可以被理解为"共"的领域。而农村社区内的农民个体则处于"私"的范畴。因此，本书的研究对象T协会在农村社区的"新公共性"建构，即可以被理解为将"私"领域内的农民个体带入"共"领域的社会组织之中的组织化（T协会的组织化，X村社区的组织化），使代表"公"的基层自治组织进行社会化的革新以更多地参与社区治理（基层自治组织的革新），并使"公""共"领域内的不同治理主体合作共生（社区内各组织协同共治）的建构过程。这构成我们的实证研究展开的逻辑线索与基本框架。

二 作为农村社区治理格局变革逻辑的"新公共性"

"新公共性"作为一种分析性的理论，它不仅勾勒了国家政府与以社会组织部门为核心的民间主体基于对等、独立与自治的原则共同承担公共性的格局蓝图，还进一步在理论层面上指出了达致这种蓝图的理论逻辑与路径机制。西方的公共性理论往往将国家、社会、私人领域在相互对立的关系中加以理解。桑内特认为私人的亲密关系与情感倾向会阻碍公共人格的建立，从而导致现代人难以从私人生活领域走向公共领域。而阿伦特也将私人领域与公共领域相互对立起来，认为二者之间有明确界限。哈贝马斯则明确提出了公共领域与私人领域的分离，生活世界与系统世界的分离，进而将公共领域置于与国家与私人相互对立和对抗的关系中。哈贝马斯认为市民社会相对于国家的独立性，构成了公共领域对公共问题展开批判和对抗权力机关的社会基础。

但是,"新公共性"理论基于东亚社会的历史与现实,重新评估了国家领域、社会领域、私人领域的关系,并认为东亚社会的"新公共性"可以从三者的互动和转化中开发出来。"新公共性"理论在批判"公私一元论"和"公私二元论"的基础上,提出通过"公"(以政府为主的制度领域)、"共"(以社会组织为主的公共领域)、"私"(作为生活世界的私人领域)三元的良性互动以"活私开公",进而构建起"新公共性"的治理格局。

在此种意义上,"新公共性"理论就不再仅仅是农村社区治理格局变革的蓝图了,而成为可以用来理解公益组织变革农村社区治理格局的分析性概念与逻辑线索。此时,如果我们对新公共性理论按照"私""共""公"三个维度,进行拆分和理解,那么此三者就不再仅仅对应具体的社会领域内的实体单位,而蕴含了不同领域所特有的文化、关系、权力等方面的综合内在特征。在"私"的领域内,其内在特征是作为私人生活属性的关系、情感、权利与性情倾向的集合,而在"共"的领域内,其内在特征是构成集体行动与社会组织的相关观念、规范、网络的集合,而在"公"的领域内则必然蕴含着国家权力的意志与行为逻辑。将此三者对照于农村社区,我们可以透视农村社区不同领域内的基本特征与内在逻辑。在本研究中,出于研究目的我们着重探讨基于"私"的乡土公共文化、作为"共"的社区社会资本,以及代表"公"的基层行政权威。而新公共性理论认为,新公共性的达成有赖于"私""共""公"间的良性转化与互动。那么,我们就可以以此为视角,观察和分析 T 协会在农村社区的"新公共性"建构中,怎样促使"私""共""公"三者间的转化与互动。如果不能,T协会遭遇何种困境,其根源何在。如果能,那么T协会又是采取何种策略,使其得以实现。这构成我们的理论研究展开的逻辑线索与基本框架。

第二章 化"私"为"共"：T协会在农村社区的组织化

T协会在X村社区展开"新公共性"建构的第一步是，吸纳当地社区的农民进入协会并成为协会的志愿者和会员，也就是实现T协会自身在农村社区的组织化。在T协会进入X村开始治沙的时候，X村只设有一名村民组长而几乎没有组织化的治理主体，因而T协会的组织化过程本身就是X村社区的第一个组织化治理主体的发育过程。一方面T协会扎根于X村社区切实地对该村的公共环境展开治理；另一方面当X村村民被吸纳进T协会的同时，T协会也就具备了当地社区居民参与的真实社会基础。而农村社区的"新公共性"建构的第一层内涵就是社区居民的组织化，因此，T协会在X村社区的组织化，意味着X村社区的"新公共性"治理格局建构的第一层次展开。根据我们对农村社区"新公共性"治理蓝图的操作化界定，T协会在农村社区的组织化过程，就是将"私"领域的松散联结的原子化社区成员，带入以社会组织为主要形式的"共"的领域的过程。因此，这一组织化过程在其表层意义上就是一个化"私"为"共"的过程。

公益组织吸纳社区成员参与的组织化过程，从反面来看也就是社区成员成为认同组织目标并具备志愿精神与公共意识的志愿人员的过程。然而，如大多数农村社区的状况一样，X 村的农民同样内化着熟人社会的互惠关系法则，在差序格局中基于人情关系的邻里互助已经是其参与公共生活的最高限度。而这与社团要求的具有高度公共性的公民精神有着巨大的差异。那么 T 协会是如何在这种情况下吸纳社区农民成为组织的志愿成员参与环境治理的呢？笔者发现 T 协会在遭遇组织化困境后，逐渐摸索出了一套组织化的策略，即在遵从乡土逻辑的基础上，利用社区的人情互惠原则和经济理性将农民带入具有公共性的组织之中，进而在组织中向农民传递现代的公共组织原则，从而吸纳到农民的志愿参与，完成协会在农村社区的组织化。在"新公共性"理论的视角下，如果我们把基于特殊主义的农村社区传统的人际交往与互惠关系和私人领域的经济理性理解为"私"，而基于普遍主义的结社生活中的现代公民准则与志愿精神理解为"共"，那么 T 协会的组织化策略与逻辑也可以被提炼为化"私"为"共"。此时，化"私"为"共"就是 T 协会在 X 村社区组织化过程所蕴含的深层内涵与变革逻辑。

第一节 T 协会的组织化困境：乡土公共文化与公益组织理念的差异

T 协会在农村社区的组织化，也就是对当地社区成员的吸纳过程，同时也是社区成员参与 T 协会的过程。从 T 协会的角度看，作为公益组织协会的组织化目标是使社区成员成为认同协会组织目标并具备志愿精神与公共意识的参与者，参与的方式可以是成为作为协会普通会员的志愿者或成为协会核心会员。而从农村社区成员的角度看，尽管T协会是一个外来的秉持自身价值理念的新生组织，但农村社区成员对此并没有相关的知识与认知，他们必然仍然通过已有的地方性知识对T协会加以认知，并以当地社区所持有的文化原则与公益组织进行互动。公益组织在一定程度上是现代性的产物，其价值理念具有鲜明的现代公共性特征。而农村社区的乡土逻辑是以农村社会结构为基础的，有着深厚的传统性的烙印。二者之间的差异性，决定了公益组织在吸纳农村社区成员的参与过程中，必然面临乡土公共文化与公益组织理念之间的矛盾。如果不能深刻洞悉二者之间的矛盾，并加以策略性地调和，将难免导致公益组织在农村社区的组织化困境。

一 T协会动员社区参与的早期尝试与困境

T协会在发展最初期的组织化过程主要发生在农村社区之外。T协会的创始人WP，将自己的亲朋逐步带入协会之中。顺延着这些私人的社会网络，一些城市里热心环保的人士也逐渐加入进来。而随着T协会的工作在初期取得一些成效，以及WP个人精神与事迹在媒体上被报道，更多的城市志愿者与大学生志愿者也开始加入协会之中。在此基础上，T协会以创始人为核心以一些骨干的城市志愿者为主体，搭建起T协会的基本组织架构。但是，城市的会员与志愿者无法长期稳定地参与治沙工作。而当地的沙地治理在本质上是当地农村社区公共事务治理的一部分，因此T协会认识到动员农村社区参与，吸纳社区成员成为协会志愿者与会员是进行沙地治理的必要过程与方式。

协会最开始那段时间，我们协会主要是靠我一个人在维持。后来慢慢地把自己家里人带动进来了，城市里的一些关心环保和公益的人知道了我们在做这件事也有一些人开始加入进来，做志愿者或者捐赠些东西什么的，也有一些大学生志愿者团队不定期地加入进来。但是我自己知道，你在农村社区治沙，如果你不能把当地农民调动起来，那你治沙不可能成功。因为你不可能永远在这儿吧？这治沙，是有利于当地人，不治沙环境恶化了，损害的也是当地人的直接利益。所以，你必须想办法把农村的农民们调动起来，成为我们协会的一部分。[①]

于是，T协会开始了早期的社区动员尝试。在T协会的初创阶段，受到国际非政府组织以及一些已经较为成熟的国内的公益组织的理念与方法的影响，T协会尝试出于对公益组织概念的一般性的理解以及对成熟公益组织的模仿，选择尝试运用一般化的专业手段和工作方式对农村社区成员加以吸纳，进而完成自身在农村社区的组织化。但是，在初步尝试的过程中，T协会在农村社区的动员与吸纳过程却并不顺利，遭遇了组织化失败的困境。

在T协会的早期组织化尝试中，其目标是动员社区成员的志愿参与并将社区成员吸纳为协会的志愿者与稳定会员，从而完成自身在农村社区的组织化。因此，T协会的早期动员与吸纳的核心在于"志愿"，也就是使当地农民成为和T

[①] 资料来源：2016年5月10日在T协会会议室对T协会会长WP的访谈。

第二章 化"私"为"共"：T协会在农村社区的组织化

协会其他志愿会员与志愿者同质性的参与群体。一个公益组织的志愿参与必须建立在，对公益组织目标的认同与对志愿精神的认同的基础上。因此，T协会在对农村社区成员的吸纳过程中，试图通过宣传和教育的方式使社区成员建立这两个层次的认同，进而动员社区成员的组织参与。其一，是对T协会的组织目标的认同，即对治理沙地以促进当地发展的公益目标的认同。其二，是对具有利他主义特征的志愿精神的认同。于是，T协会一方面组织社区成员学习与土地荒漠化相关的环境知识，另一方面则在农村社区中通过各种方式宣传志愿者精神，并以"雷锋精神""无私奉献"等农民易于接受的话语形式进行宣传。

> 当时，我们已经知道志愿者这个概念了，城市里的人也作为志愿者加入进来。所以，我当时就希望能把当地的农民作为志愿者加入到我们协会来。所以吧，我就照着城里志愿者那种方式和手段，试着看看能不能劝当地农民来跟我做这个事儿。因为，当地农民虽然不富裕，但其实也有一些农闲的时候。我就开始从两个方面跟农民宣传。一个是说，跟他们不厌其烦地讲环保和治沙的重要性。另一个吧，就是跟他们说志愿者是怎么回事儿。但是吧，实际上的效果就不好。为啥呢？一个是，他们自己也知道土地沙漠化或者干旱什么的对他们的生产生活都不利，但是他们还是觉得这个事儿不是他们应该操心的，是国家的事儿。而且，我跟你干，你能给我钱吗？或者你治沙，治出成果那得多少年啊，我能有好处吗？他们对这个怀疑，不相信。再一个，关于志

愿者这个事儿，他们一开始完全不理解。他们看我，就是疯子。不图钱，不图名，赔钱在这儿治沙那不就是疯子和傻子干的事儿吗？你让我们跟你做志愿者，那不是跟你做傻子，做疯子吗？所以那个时候就感觉，用那种城里的方式，很难带动农民做事。①

根据 WP 对 T 协会的早期组织化尝试的回忆，我们可以发现当时 X 村居民一方面无法理解 T 协会的公益性目标，另一方面也不能认同 T 协会所倡导的志愿精神。而 T 协会所采取的公益理念、动员方式和工作方法，都是很多成熟的非政府组织所使用并被验证是有效的。那么问题很可能就在于，这种公益理念与工作方式并不适用于当地社区。非政府组织诞生于现代资本主义社会，根植于现代城市社区与城市文明。所以公益组织的理念在一定程度上与城市社区的市民社会文化具有同质性。而 X 村社区作为一个农村社区，其生产生活方式显然有别于城市社区，并带有一定程度的传统性色彩。所以，当地居民所持有的观念可能与公益组织的基本理念存在差异和冲突，进而导致公益组织在农村社区的动员失败与组织化困境。

二 基于"私"的公共文化：特殊主义与功利主义

农村的公共文化是维护农村社区共同体存续、维系农村社区公共生活运转的一套文化观念与道德规范。② 乡土社会

---

① 资料来源：2016 年 5 月 10 日在 T 协会会议室对 T 协会会长 WP 的访谈。
② 申鲁菁、陈荣卓：《现代乡村共同体与公共伦理文化诉求》，《甘肃社会科学》2018 年第 2 期。

的农民凭借内化于自身的公共文化在农村社区内与他人互动并参与社区公共活动。但是，当乡土社会的农民缺乏对城市文化或其他外部文化的理解和认识时，农民同样会凭借乡土公共文化所提供的认知框架，对外来的组织进行认知与评价，进而以乡土文化所提供的互动规范与其展开互动。因此，只有先对农村社区的公共文化的内在特征与性质有所认知和把握，我们才能够理解 X 村社区农民所持有的文化观念与 T 协会的公益理念的差异与矛盾所在。

在现代国家权力尚未正式入场之前，传统的乡村共同体以松散的聚落形式存在，家族共同体是其基本的组织单元，小农是其基本的经济生产单位，构成一个地域范围内的熟人社会。与此相对应，乡村的公共伦理文化在本质上就是家族伦理文化的放大与延伸形态。因而呈现差序格局的以私人道德为核心的文化逻辑，"关系圈子"构成其外在形态，表现为以人际互惠为特征的特殊主义关系网络。而在现代国家权力正式介入农村社会之后，乡村共同体在国家政府的直接影响下以人民公社的形式再组织起来，国家的意志与逻辑被贯彻其中。与此相对应，以革命主义和国家主义为基调的集体主义成为乡村公共伦理文化的主色调。这种集体主义将传统的家族主义压制到农村公共伦理文化的潜在部分，进而使乡村社会的人际关系被国家权力与集体目标组织起来，集体公德成为乡村公共伦理文化的外显逻辑。但是，由于缺乏对农村共同体的内生性变革以及对共同体内部的传统价值的重视，这种集体主义价值并未完全内化于乡村公共伦理文化之中。而在国家权力逐步退场以及市场化改革兴起之后，封闭的乡村共同体开始被卷入到市场化、工业化和城市化的浪潮之中，乡村传统的经济形态、人口状况以及基层治理模式都受到巨大冲击，进而乡村共同体进入一个半开放、半流动以及关系圈子与基层组织消解的状态之中。与此相对应，农村的公共伦理文化进入一个多元、无序的混乱状态。一方面，农村社会的封闭性与熟人社会被资源与人口的流动所打破，进而使现代社会的契约精神、权利意识、公民意识等异质性因素进入农村公共伦理文化之中。另一方面，由于传统共同体形式的延续，家族关系伦理文化和差序格局的逻辑仍然在乡村公共伦理道德中起重要作用。但是，由于农村社会变革的滞后性以及城乡二元结构的延续，导致农村的公共文化无法完全向现代文明过渡，也无法完全退回到传统观念之中，因而呈现一种缺失公共关怀的家庭庇护与个人主义的混合状态。这直接导致乡村公共伦理文化的公共性的极大衰退。

因此，当代农村社区的公共文化普遍存在特殊主义与功利主义的特征曲线。其一，是特殊主义的人情互惠原则。传统的农村公共性文化是以传统的农村共同体为根基，呈现三个层次：蕴含在家族共同体中的，以血缘为纽带的维护家族共同利益的公共性文化；形成于邻里共同体中的，以人情互惠与互助为核心的公共性文化；弥散在村落共同体中的，以地缘为纽带的维系村落团结与村落利益的公共性文化。尽管传统公共性文化具有差序格局下的特殊主义取向（费孝通，2007），但是却能基本覆盖村落的公共性需求。然而，随着近年来农村人口流动与流失的加剧，农村共同体赖以维系的长期稳定的互动纽带发生断裂，农民的互动关系逐步从村落向邻里、家族乃至家庭塌缩,①进而传统的公共性文化也出现了明显的向内萎缩的趋势。其二,是功利主义的理性计算原则。个体化的功利主义替代乡土伦理逐渐成为农村公共性文化的不稳定根基。一方面,以人民公社的解体和家庭联产承包责任制的落实为主要驱动,农村社会的集体主义逐渐消沉而日益呈现个体化的趋势。另一方面,在市场化浪潮的冲击下,功利主义的思潮也日渐渗透到农民的思维方式之中。②在此基础上,农民对于农村公共事业的观念不再单纯以传统的乡土伦理为基础,而更多地从个体利益考量出发。而这种缺乏公共性的个体功利主义显然无法构成农村公共性文化的稳固根基。

三 超脱特殊主义与功利主义的公益理念

相对于其他社会部门而言,公益组织的一个特征乃在于,其组织或机构的动力和运行主要建立在价值承诺之上。而在社会学家看来,社会组织既是公共物品提供主体的"非营利部门",还是参与者以及行动者的"价值所在",包含了志愿精神、利他主义、参与共享等价值理念。③由此可见,公益组织的价值理念具有鲜明的现代公共性特征。公益组织所秉持的公益理念要求参与公益组织的成员超越既有的社会关系网络及简单的互惠原则的限制,自愿主动地关心陌生人

---

① 田毅鹏:《村落过疏化与乡土公共性的重建》,《社会科学战线》2014年第6期。
② 吴理财、刘磊:《改革开放以来乡村社会公共性的流变与建构》,《甘肃社会科学》2018年第2期。
③ 崔月琴、袁泉:《转型期社会组织的价值诉求与迷思》,《南开学报》2013年第3期。

以及政体的社会利益。① 因此，公益组织的组织成员吸纳应当是以具有高度公共性的公民精神为主要原则和逻辑的。也就是说，公益组织的组织化过程，是对社会成员的吸纳过程，而被吸纳的社会成员应当是认同公益组织的公益目标并具备利他主义的志愿精神的。

所以，现代公益组织的公益理念在一定程度上是对乡土社会的公共文化的超越。一方面，公益组织的公益理念是对乡土公共文化中的特殊主义原则的超脱。传统的乡土公共文化的重要基石是人情互惠的基本原则，人情互惠的原则构成了农村人际、家族内部、邻里之间以及乡村共同体内部的交往和互助的基本法则。个体在选择是否进行互助或集体行动时所主要考虑的内容是，自身与他人之间的关系。这种以自己推向他人的差序格局的社会逻辑和思维方式，决定了个体即使参与具有公共性色彩的事业时所遵循的仍然是一种特殊主义原则。但是公益组织的公益理念却要求个体在参与公共事业的时候，并不考虑与对象之间的关系，是一种面向全体公民和社会主体的逻辑与思维方式。② 因此，公益组织中的个体参与是带有普遍主义色彩的，并不以个体的私人关系为考量，是利他精神与志愿精神的。另一方面，公益组织的公益理念是对乡土公共文化的功利主义面向的超越。当代乡土社会中所日益增强的个体功利主义取向，使得农民在参与公共事务时，总是优先考虑参与公共事业是否会为自身带来相

---

① 李荣荣：《作为礼物的现代公益——由某公益组织的乡土实践引起的思考》，《社会学研究》2015 年第 4 期。
② 李荣荣：《作为礼物的现代公益——由某公益组织的乡土实践引起的思考》，《社会学研究》2015 年第 4 期。

应的利益,尤其是经济利益。这种理性计算的思维方式与行动逻辑使得农民更加注重参与公共事务时所能获得的短期利益与私人利益。但是公益组织所倡导并实践的公益理念要求个体在参与公益事业的时候更多考虑集体利益与长远利益,并强调利益之外的社会目标和价值目标。这既是由公益组织所追求的目标所决定的,也是由公益组织的组织特性所决定的。公益组织的目标通常是追求社会整体利益和某种价值观或社会目标的实现,所以其公益理念必然要求参与成员淡化个体功利色彩。而公益组织所具有的非营利性特征,使得公益组织无法为非专职参与的社会成员提供超出基本补助之外的经济收益。因此,公益组织中的个体参与往往是超脱个体功利主义的,个体更多所追求的是对公益组织价值目标的认同,以及托克维尔意义上的"正确理解的个人利益"[1]。

综上可见,公益组织所秉持的公益理念与乡土社会的公共文化是具有差异性与矛盾性的。当作为公益组织的 T 协会以现代公共性的公益理念为指导,试图对秉持乡土社会的公共文化准则的 X 村社区成员进行吸纳,从而完成自身在农村社区的组织化时则难免遭遇困境。

第二节 T 协会的组织化策略: 化"私"为"共"

T 协会以现代公益理念为依托的动员手段,与当地农村

---

[1] 王涛:《危险的本能——托克维尔论民主社会中的个人主义问题》,《云南大学学报》(社会科学版)2012 年第 3 期。

社区成员所内化的公共文化和原则是无法直接沟通的。T协会初期试图通过构建农村社区成员对公益组织的目标认同和志愿精神的认同，以实现对社区成员的吸纳的组织化并没有奏效。而协会创始人WP在组织的实践过程中，凭借其知青下乡的经验与组织化过程的摸索，渐渐认识到公益组织的动员手段与农村社区文化之间所存在的张力，并在组织化实践过程中有意无意地形成了一套行之有效的实践策略。

一 基于人情互惠的组织吸纳

T协会最初吸纳农民的参与并非理性规划的结果，而是协会创始人WP作为"外来户"为了不被当地居民排斥，融入社区而所做努力的自然后果。WP在谈到最初与农村社区建立关系时候说："我们作为一个外来的组织，如果不被当地农村社区所接受和认可，那么后续的工作就很难开展。比如你在示范区种树种草，如果当地农民跟你没有关系和感情，有一些人就可能去给你搞破坏，拿你的工具，偷偷地在你的范围里放牧。"① 所以，协会创始人WP在最初进入X村时便经常到各家走访聊天，积极参与当地的红白喜事，力所能及地给有需要的村民帮工，WP希望通过这种方式被社区接纳进而没有后顾之忧地开展治沙工作。在这样的日常交往、集体参与和邻里互助之中，WP也确实逐步融入了X村社区的情感关系网络之中，获得了村民的接纳与信任，并进一步与一些农民建立起了基于情感伦理而非理性计算的互惠关系。由此，一些接受过WP帮工，关系较好的农民便开始

---

① 资料来源：2016年5月10日在T协会会议室对T协会会长WP的访谈。

第二章 化"私"为"共"：T协会在农村社区的组织化 / 67

在农闲时主动帮助WP做一些简单的治沙工作，而这正是T协会最初吸纳到的农民参与。在这一阶段的农民参与是与作为组织的T协会几乎没有关联的，纯粹是建立在农民与协会创始人WP的私人情感与互惠关系之上的。一名当地的老农民志愿者说："现在我是明白了W大哥在做什么了，也知道他们这个协会是怎么回事儿。但是最开始的时候，真不明白他来干啥的。围上一片沙坨子地，就是打井、种树、种草。我就寻思这能挣钱吗？但是，W大哥这人特好，他来我们村干他的事儿，也愿意跟我们这儿的人打交道。谁家有点儿啥事儿啦，他都来。我们俩聊得来，也帮我干活啥的。我们就把他当自己人了。那人家帮咱，咱也得帮人家啊。所以他那沙坨子里有啥需要我们帮一把的，闲着的时候我们也去帮帮。"[①]

受此启发，WP在T协会尚未真正成形时便开始有意识地在治沙工作之外，以协会的名义拓展农村社区支持方面的工作，如帮扶弱势群体、协助维权、调解农民纠纷等。这种看似偏离组织使命的行为，使得协会开始以组织的形象而不仅是WP的个人身份更为深入地融入农村社区。首先，虽然在这一阶段协会的资源仍入不敷出，实则几乎是WP靠一己之力开展农村社区支持，比如以个人工资支付社区贫困家庭儿童学费，但是WP都会在工作过程中向农民宣称是协会行为，在农民的观念里构建协会的概念。其次，在社会交换的逻辑下，社区居民接受协会的帮助和馈赠就会或多或少地回报给协会包括但不限于信任、认可等方面的无形资源，而这

[①] 资料来源：2016年5月15日在T协会会议室对村民ZS的访谈。

也正是协会融入社区的重要标志。最后,也是最为重要的,不同于具有私人交际性质的帮工行为,协会此时的社区支持工作带有强烈的公共性色彩。一方面,协会帮扶弱势群体的行为,可以看作对福利供给严重不足的农村社区提供的社会保障,由此协会介入了农村社区的公共服务。另一方面,WP凭借其法律、经济等知识与丰富的社会经验,填补乡村知识精英的缺位,协助农民维权,调解农民间利益纠纷,由此触及了农村社区内部与外部的利益调解与协商,也就介入了农村的公共治理。这种带有公共性意义的社区介入,使得协会对社区的馈赠超出了帮工等具有私人网络性质的互惠关系,从而使得协会更为深入地融入作为整体的农村社区之中。

> 这些年W老师搞的那个组织,给我们村里做了不少好事儿。我们都知道他那个协会啊,示范区最开始几年都是往里面赔钱。但他还是给村里的上不起学的孩子捐奖学金。而且他比我们有文化,他那个协会还有不少城里来的大学生、老师,村子里有啥法律上、政策上弄不明白的事儿,他们协会那时候就能给我们解释或者调解调解什么的。他们都无偿帮我们,所以他们那儿有啥需要的,村里人有时候也去帮衬帮衬了。[①]

在这T协会作为组织整体融入农村社区的过程中,X村村民不仅与作为个人的WP建立了互惠的人情关系,而且开始意识到T协会的组织性存在,并与这一组织建立起了互惠

---

① 资料来源:2016年5月15日在T协会会议室对村民WL的访谈。

的人情关系。在这种人情互惠关系之下，受到协会帮助的村民主动自觉地在力所能及的情况下为协会的工作提供一些人工、材料甚至资金上的帮助。尽管这种参与不是现代意义上的志愿行为，更多的是基于乡土社会的文化与逻辑，亦即基于伦理情感的互惠关系。因而，农民的志愿参与表现出非正式性、零散性和非组织性的特征：农民并不认同自己是志愿者，也不作为协会加入会员，只是在农闲时力所能及地不求回报地为协会提供一些类志愿性的帮助。

二 基于经济理性的组织吸纳

在协会治沙的初期阶段需要投入大量的人力来完成一些治沙的基础性建设，比如打井、种树、养草、种植，上述农民基于人情互惠关系的类志愿行为显然无法为协会提供足够的人力资源。T协会一方面以有限的资金在市场雇用劳动力，另一方面开始采取基于利益捆绑的合作关系吸纳社区村民参与。

> 协会治沙的初期阶段，很多基础设施需要建设，需要很多的劳动力。最开始我们就是去劳动力市场上花钱雇人干。我们干活的时候，一些农民会来看看热闹。有些跟我们关系处得不错的也会来帮一把，帮着干点什么。那时候我就想到，为啥不让村里的人来干呢。如果他们来干，一个是能增加他们的收入，再一个能让他们有参与我们这个事业的感觉，能让他们逐渐融到我们这里来。所以以后的很多工程，我就开始跟当

地的农民合作。①

其中一个典型的例子，就是 T 协会动员全村居民以户为单位在示范区种树。其具体做法是 T 协会提供树苗并负责后期看护浇水，农民负责种树，树成为协会与农民的共有财产，产生的经济效益五五分成，最后以签订合同的形式确立这种合作关系。由此可以看到，此时协会动员吸纳社区村民参与的基础是经济利益，共同的经济利益预期使得农民与协会的合作关系成为可能。这种做法的效益有两点。第一，在协会资金不足的情况下，也能动员足够的社区劳动力参与工作。农民与协会的合作是基于长远的经济预期，而非立即的经济支付，因而缓解了协会的资金困境，也加快了治沙工作的进度。第二，社区农民与协会的合作，使得二者成为利益共同体，农民就会主动帮助协会看管二者共有的财产。以种树为例，由于每一棵树都变成了协会与一户农民的共有财产，一旦有其他村民试图偷砍破坏，就会有其他农民帮助协会制止。

当时老 W 说要跟我们合作种树，我们也是将信将疑的。但是，没多长时间他就把他写的合同拿来挨家挨户地跟我们讲。合同里规定的，我们就只负责种树。他们协会又提供树苗，又管养护浇水，到最后树能卖钱还跟我们对半分钱。这肯定对我们农民合适啊，而且老 W 这些年做的我们都看在眼里，人品没问题。所以大部分人

---

① 资料来源：2016 年 5 月 13 日在 T 协会会议室对 T 协会会长 WP 的访谈。

当时都参与了,就把示范区里的树给种起来了。后来,我们明白人家老 W 想得远。看起来他挣得少,但是我们参与了他那示范区就等于有保护了。这树是他们协会的,但也是我们的啊,所以谁要是去搞破坏那我们肯定不干。[①]

此时协会对农民的吸纳所遵循的逻辑就不再是人情伦理的互惠关系,而是基于理性的利益关系。这合乎农民的生存伦理与经济理性,因而能吸纳更多的农民正式地参与到协会的治沙工作中。但是,农民的参与也绝不是简单的利益交换。第一,农民与协会的合作关系之所以能达成,直接源于利益期待,但更为基础的是 WP 与协会在农民社区融入中与农民建立的信任关系。第二,不同于短期利益交换的雇用关系,基于长远利益预期的合作关系,使得农民与整个协会捆绑为一个利益共同体。农民会更加支持协会的工作,否则协会一旦出现危机,则其预期的经济利益也必然受损。因此,虽然是基于利益关系,但是较之于简单的人情互惠关系,农民被更深层次地吸纳于协会之中。

三 将基于"私"的参与转化为志愿参与

协会通过以上两种方式吸纳社区农民参与治沙,固然调动了社区的人力资源,但是农民的参与仍然并非真正意义上的志愿参与。志愿参与应当是基于认同的参与,至少包括对于志愿组织的目标的认同以及对于志愿参与精神的认同。对

---

① 资料来源:2016 年 5 月 17 日在 T 协会会议室对村民 LM 的访谈。

志愿组织目标的认同，意味着参与者理解并认可组织的目标，并愿意为此付出行动。而对志愿精神的认同，意味着参与者的行动是自愿而非强迫，且不追求利益回报。而以上两种农民的参与则几乎并不基于这两方面的认同。基于互惠关系的吸纳与参与中，农民几乎不能理解，也不关心协会的环保目标，只是为了回馈人情而帮助协会。而基于利益合作关系的参与过程中，农民出于自身的经济利益而关注协会的发展，仍然不关心协会的长远目标。至于志愿精神的认同，两种参与都有获得利益回报的动机，前者在互惠关系中构建起长期的模糊的人情利益关系，后者则在合作关系中明确要求经济回报。

农民的非志愿参与，会使协会无法真正深层次地将社区农民吸纳于组织之中。作为一个志愿组织，这不利于协会在当地的可持续发展。为此，协会在实践摸索中有意无意地通过各种策略把已经吸纳的农民参与，逐步转换为志愿性的参与。而要实现这种转换就要让农民建构起两个认同，即对于协会目标的认同和对志愿参与精神的认同。在协会目标认同的建构上，协会主要采取环境教育的方式，环境教育又分别针对青少年与成年人两个群体展开。针对青少年，协会组织人员编写乡土环保教材，在当地中小学开设环保课程，十余年给近1000名学生授课。通过这种方式，给当地青少年传播环保理念与环保意识，使得他们从根本上理解和认同协会的治沙目标。而当这些青少年长大成人后，也开始作为新生力量参与到协会的治沙工作之中。对于成年人，授课的方式不能脱离农民生活实际，协会工作人员选择在农民参与过程中，以及红白喜事等社区事务中向农民反复地、不厌其烦地、日积月累地传播环保观念，强调荒漠化的后果，和治沙的必要性与意义。但是，仅仅通过环境教育仍然不足以让农民对组织的治沙目标有深刻认同。因为环境教育至多只能让农民了解在一般意义上荒漠化对于自身生存的危害，以及治沙的好处，却无法让农民相信协会的治沙行为是真正可行的，并能够给农民带来好处的。对此，协会通过扎实的工作逐步展现出治理沙地的成效，从而使农民相信协会的治沙目标不是痴人说梦；同时在恢复草原的基础上，协会主动将恢复草原所得的部分经济效益投入农村社区的公共事务中，让利于民，使农民切身感受到治沙对于自身的益处，从而认同协会目标。

对于协会目标的认同是社区农民志愿参与的基础，但是要真正促使农民志愿性的参与则必须使农民认同志愿精神。而志愿精神，对于当地农民来说是很难认同的。WP在访谈中谈道："协会刚成立的时候，我们自称志愿者，但是农民不明白啥是志愿者。后来，农民发现我们就是植树治沙，帮助乡里，但是一分钱不挣，啥也不图。农民就觉得我们是好人，但是也是傻子，是疯子。"[1] 农民之所以认为协会的志愿者是疯子和傻子，是因为作为现代社会的公民精神与传统乡村的道德原则存在着差异和矛盾，更与农民习得的市场经济的理性原则有根本不同。乡土的道德原则是以互惠原则为基础，构建于人情网络关系之中的。也就是说农民的利他行为往往局限于熟人关系之中，并且期待相互之间持续的馈赠和回报。而志愿精神却是普遍主义的，其行动是不求回报的，

---

[1] 资料来源：2016年5月8日在T协会会议室对T协会会长WP的访谈。

其对象可以是陌生人的，其目的是社会公共性的。因而，当地农民虽然认可 WP 等志愿者的利他行为是好的，但却很难理解和认同这种与乡土道德存在矛盾的志愿精神与行为。作为一个草根 NGO，协会无暇也无意思考和处理这样的理论难题，但是协会的志愿者却在自己的二十余年的付出过程中，将志愿精神一点一滴地传染和渗透给当地居民。WP 说："现在乡亲们不说志愿者是傻子了，一些乡亲还当我面说，我们应该向志愿者学习，做好事。"[①] 从心理机制的角度看，农民在长时间接触志愿者的过程中，受到志愿行为的感动，逐渐开始理解其志愿精神，并认同和内化志愿精神。

但农民之所以能逐步认同与传统乡土道德有差异的志愿精神，其更深刻的社会机制在于，首先，协会将志愿精神与农民朴素的共同体意识相结合。T 协会将在治沙过程中的宏大的环境目标具体化为 X 村的沙地治理。协会使治沙切实服务于 X 村，这样参与治沙就从绝对的利他转换为了相对的利他，也就是服务于农民所在的乡村共同体。正如当地农民常说的：参与治沙就是"为屯儿里做点事儿"。进而，保护环境的普遍主义的目标，就转换为了服务于乡村共同体的带有特殊主义色彩的目标，因而也就可以惠及乡里与自身。农民可以顺延着乡土道德的原则去理解和认同服务于乡村共同体的利他行为。虽然这种服务于共同体的志愿精神带有特殊主义色彩，但是却已经将农民的小圈子的互助意识提升到乡村集体的公共性之上，农民也因此能够进一步认同和内化志愿精神。

---

① 资料来源：2016 年 5 月 9 日在 T 协会会议室对 T 协会会长 WP 的访谈。

其次，T协会还采取与志愿精神相结合的经济合作，使志愿精神与农民的经济理性相结合，从而发展出一种更适宜农民理解和接纳的志愿精神。T协会在治沙过程中逐渐开始有经济效益产出，T协会开始尝试通过经济激励的方式使农民内化志愿精神。比如在有经济项目可以合作时，协会优先考虑积极参与治沙工作的农户，农户必须接受志愿培训并合格后才有资格与协会签订经济合同。而在经济产出中协会也尝试以志愿服务替代经济回报。以T协会的草原牧羊项目为例，T协会以低于市场的价格将恢复的草原给予牧羊户放牧，但牧羊户必须以加入草原志愿看护队作为回报，而如果牧羊户不履行志愿义务则根据合同受到相应的罚款。事实上牧羊户都积极地参与到草原的看护工作中，不仅出于合同的法律约束，更由于切实感受到草原保护给社区带来的经济实惠。通过以上方式，社区农民参与的志愿色彩逐渐增加，志愿精神逐步内化于农民的惯习之中。难能可贵的是，T协会还与当地村民共同拟定了一份兼具经济效益与环境效益的约定合同，发挥了农村社区在环境保护中的主体性作用。

科尔沁沙地生态示范区试验有偿游牧约定（草拟稿）[①]

科尔沁沙地生态示范区（T协会）——简称"示范区"，位于吉林省通榆县同发牧场X村西。示范区在科尔沁沙地进行的"荒漠—绿洲"生态恢复工程已经十五年之久，且取得了阶段性成果。

为了科尔沁草原生态环境全面恢复并可持续发展，踏实

---

① 资料来源：由T协会提供的档案资料。

有序扩大恢复草原面积，努力践行"生态文明建设——草丰水净就是金山银山"，示范区自 2012 年 8 月策划，试验启动"公共草原　大家爱管　每户受益　利存子孙　共同治富"项目。经过 2013 年 6 月至 2014 年 9 月的试验有偿游牧，积累了经验、教训，更坚定该项目是利民利社会利国家的好项目，故决定于 2015 年春季在示范区内与牧羊户、X 村公共事务服务核心组（简称核心组）共同试验有偿游牧，具体《约定》如下：

1. 试验有偿放牧三方　A 方　科尔沁沙地生态示范区
　　　　　　　　　　B 方　牧羊户（2 人）
　　　　　　　　　　C 方　本县同发牧场 X 村
　　　　　　　　　　　　　公共事务服务核心组

2. B 方要接受 A 方的培训，培训目的、内容是草原的破坏→恢复→可持续发展对个人、对社会、对子孙、对国家的重要意义……

3. 培训结束后，A、C 方共同对 B 方面试，且牧羊户要自愿加入志愿者服务团队——填写申请；待 A 方批准 B 方牧羊户（2 人）加入志愿者服务团队后，B 方才可以进入示范区；

4. A 方保证三方签定此《约定》之日起，不再答应其他牧羊户进入示范区；

5. B 方在牧羊时间内，要承担围栏、围栏内的管理工作，如围栏损坏，请给予简单修理。

6. B 方要随时跟群，不得离开羊群去做其他事，羊群休息地必须半天一换；

7. 羊群不要进入办公区（大门附近）南、北、西半径

150米；不要进入生活区四面半径150米范围内；

8. 每天羊群出入大门四次，出入后一定要关好大门，尤其下雨、刮风时，切记！

9. 羊群不要在办公区附近的路上停留；不要在示范区的井内饮水；

10. 东、东南围栏换转前，羊群不要靠近旧围栏，防止羊群穿越围栏，更不可着急时（刮风、下雨……）将羊群从旧围栏赶出去，切记！

11. 放羊期间：2014.07.05至2014.09.30；

12. 放羊时间：上午6：00至11：30，下午13：00至17：00；

13. 放羊收费：暂定100至110只交费3000元/月，每个月的前五日交费；

14. 收费支出：用于本县同发乡X村公共事务；

15. 三方如有一方违反《约定》，该《约定》即为失效；

16. 因为该工程为公益性质，故处理《约定》失效时三方要和谐结束，不可恶语相加，一定好聚好散，后会有期。

协会在基于互惠和利益的基础上吸纳农民参与，并逐步使其在参与过程中认同协会目标与志愿精神，从而使得农民参与的志愿色彩逐渐增加，志愿精神逐步内化于农民的惯习之中。其结果就是一些社区农民开始以志愿者的身份加入协会，其中一人甚至成为协会的副会长，负责农民志愿者的调度和农村事务的协调。但是需要指出的是，农村社会的乡土逻辑与现代公民精神始终存在差异，而农民的知识文化素质的提升需要长期的积累，因而将农民的参与转换为志愿性的参与是一个长期的过程。农民的志愿参与也绝不会是纯粹的志愿参与，互惠的人情关系和合作的利益关系都会在农民的参与中起作用。WP 在访谈中总结："你先要通过各种方式让农民参与进来，然后再慢慢地把你的东西渗透给他们。农民不是 WP，他们不可能一下子接受志愿服务，环境保护，要有个很长的过程。协会就是要尊重农民的乡土逻辑，满足他们的利益需求，逐步渗透给他们公共精神和志愿精神，尽可能地吸纳社区农民的参与。"①

第三节　T 协会重构农村社区公共文化的机制分析

　　T 协会对农村社区成员的初步吸纳（基于人情互惠的吸纳与基于理性计算的吸纳），首先是基于对农村社区自有的公共文化的尊重以及运用。但是，T 协会将基于"私"的农民参与转换为基于认同的志愿参与，则在实质上是对农村社区自由公共文化准则的重构。因为 T 协会将现代公民社会的公共道德与公民精神内涵，内化到了社区成员之中，进而给农村社区的公共文化增添了异质性的要素，也就在一定程度上对农村社区的公共文化进行了重构。因此，通过对 T 协会重构农村社区公共文化机制的分析，就可以揭示 T 协会化"私"为"共"的组织化策略与逻辑得以奏效的深层原因。

---

① 资料来源：2016 年 5 月 18 日在 T 协会会议室对 T 协会会长 WP 的访谈。

一 从"私"到"共":乡土公共文化的变革潜力

前文我们已经揭示了乡土公共文化与公益理念之间所具有的差异性。基于"私"的乡土公共文化具有特殊主义和功利主义的取向,而基于"共"的公益理念则带有普遍主义和志愿主义、利他主义方面的价值倾向。这二者之间的差异性使两种文化理念之间产生了张力与矛盾。持有不同文化价值观念的公益组织与乡村社区无法相互认同和理解,因而T协会难以调动X村村民的志愿参与以完成自身的组织化。但是,在认识到自身与农村社区在文化价值理念上的差异性之后,T协会选择先遵循乡土逻辑以吸纳村民参与,再将公益理念传递给农民的组织化策略。这个实践策略的成功向我们揭示了,尽管传统的乡土公共文化与现代公民社会的价值理念存在差异,但却内含了向后者转化的变革可能与潜力。

首先,乡土公共文化能够在一定程度上将农民带入公共事务之中,而公共参与是公共文化转型的实践起点。一方面,传统的乡土公共文化具有小圈子性和人情往来的特殊主义取向,但是也能够促使村民参与到一定限度的公共事务之内。传统的农村公文化是以传统的农村共同体为根基,呈现三个层次:蕴含在家族共同体中的,以血缘为纽带的维护家族共同利益的公共性文化;形成于邻里共同体中的,以人情互惠与互助为核心的公共性文化;弥散在村落共同体中的,以地缘为纽带的维系村落团结与村落利益的公共性文化。这些不同层次的公共文化可以将农民带入不同限度内的公共事务之中,进而为培育新的公共文化提供实践的空间。另一方面,农民的功利主义与个体主义也可能会促使其以个体利益为目的参与公共活动。

其次，作为"私"德的乡土公共文化与现代公民道德具有一定程度的一致性。尽管乡土公共文化与公民社会道德存在特殊主义与普遍主义的差异性，但是这种差异性并不是绝对的。尽管前者是从"私"己出发，以共同体内的人情互惠关系为原则，但是其社会功能与目的仍然是道德性的。只不过这种道德性被局限在一层层的圈子和乡村共同体之中。而普遍主义的公民社会道德的志愿精神和利他主义，只是把这种道德推广到了社会整体，超脱了以"私"己为中心的圈子，而能够顾及以陌生人为主体的整个社会。前者具有的是明确的互惠性，而后者则具有模糊的相互性。[①] 但是，二者同样否定去道德的原子化社会状态，追求一种个体与社区或社会和谐共处的社会团结状态。所以，二者在道德性上的一致性使前者向后者的转化成为可能。

最后，乡土公共文化能够成为现代公民道德的建立基础。尽管公益理念所倡导的现代公民道德具有更鲜明的普遍主义与志愿主义、利他主义色彩，但是现代公民道德并不否认个体及与其关联的共同体的需求与价值。改革开放以来，农村社会的封闭性与熟人社会被资源与人口的流动所打破，农民的个体意识觉醒，所以公共文化出现了个体主义与功利主义的倾向。但是这种个体主义与功利主义同样意味着农民的经济理性与契约精神、权利的萌生。如果农民能够在此基础上，恰当地理解自我利益，将个体的利益及权利与农村共

---

① 李荣荣：《作为礼物的现代公益——由某公益组织的乡土实践引起的思考》，《社会学研究》2015年第4期。

同体的发展结合起来，那么农村社区的公共性文化就有可能向现代公民精神与公共道德转型。

二 从嵌入到建构：公益组织的实践逻辑

乡土公共文化从"私"到"共"的变革潜力，并不意味着公益组织可以按照以现代公民道德为蓝图，直接对农村社区的公共文化加以改造。因为，农村社区固有的乡土公共文化与公益组织的理念始终存在着差异性与矛盾。而农民面对外来的公益组织，必然凭借其固有的文化认知观念与地方性知识对公益组织及其行动加以认识，并以其固有的交往准则与公益组织展开互动。所以，公益组织要想对农村社区的公共道德加以重构，进而实现自身的组织化则必须首先嵌入农村社区的文化网络之中，再加以改造和重构。

T协会的组织化实践，首先就是对农村社区的文化网络的嵌入。一方面，T协会在与X村社区的互惠交往中，建立起一种基于人情的信任关系。另一方面，T协会与X村村民所展开的经济合作，为当地农民提供了一定的经济利益，从而建立起互惠的合作关系。这两重关系的建立，使T协会嵌入农村社区的文化网络之中，被农村社区的公共文化与经济理性所认可，从而获得了组织在农村社区开展实践活动的合法性。值得注意的是，这种嵌入并非公益组织的非反思性嵌入，相反是一种有原则和有目的的嵌入。也就是说，公益组织并不会完全按照农村社区的公共文化对自身加以改造，而只是为了融入农村社区所做的实践策略上的调整。比如，T协会在与农村社区建立人情互惠的关系中，当地农民更加注重与创始人WP的关系。但是，T协会选择跳脱出这种私人的关系网络，转而以 T 协会这一整体的组织形象嵌入农村社区的文化网络之中。

在嵌入的基础上，T 协会的组织化过程是对农村社区公共文化的策略性建构。所谓策略性建构，是指尽管 T 协会已经获得当地社区的信任，并且具备开展组织化的条件和能力，但是协会仍然必须以社区既有的文化资源为基础进行公共文化的重构。农村社区既存的公共性文化既是公益组织试图打造的新公共性文化的某种阻碍，同时也可能是可以善加利用的重要资源。比如，虽然传统的公共性文化具有小圈子性和人情往来的特殊主义取向，但是也能够促使村民参与到一定限度的公共事务之内。如果公益组织可以顺着这样的逻辑将村民带入公共事务的参与中，并逐步向其渗透更有普遍主义性质的志愿精神、公共精神，那么新公共性文化的建构将获得传统文化资源的支持。而村民所具有的功利主义取向的理性化思维，也可以在一定条件下引导为托克维尔用以调和个人利益与公共责任的"正确理解的个人利益"原则。① 但是，当公益组织将自身的价值诉求与公共性理念与农村社区的既有文化截然对立起来，采取绕开甚至批判旧公共性文化的手段进行公共性文化的改造的时候，由于缺乏内生性的文化资源支持，新的公共性文化可能就只浮于表面而无法内化，最终为既存的公共性文化所消解。

三 混合与过渡：乡土公共文化的转型路径

农村社区的乡土公共文化从"私"到"共"的转型

---

① 王涛：《危险的本能——托克维尔论民主社会中的个人主义问题》，《云南大学学报》（社会科学版）2012 年第 3 期。

并不是一个简单的线性过程，而是呈现一种多重道德图景并存以及动态的过渡转化的复杂过程。T协会的组织化实践已经表明，农村社会的乡土逻辑与现代公民精神始终存在差异，而农民的知识文化素质的提升需要长期的积累，因而将农民的参与转换为志愿性的参与是一个长期的过程。农民的志愿参与也绝不会是纯粹的志愿参与，互惠的人情关系和合作的利益关系都会在农民的参与中起作用。

乡土公共文化的多元与复杂的转型过程，根源于农村社区的社会结构的客观特征与农村社区公共性建构的主观需要。农村社区的公共文化伦理是以其农村共同体的存在形式为基础的。X村所代表的许多农村社区仍然是以小农经济为生产形式、家庭邻里为主要社会关系的地域性共同体。这样的共同体结构特征，决定了农村社区的公共文化必然带有相当的传统性特征。而市场经济的发展与城市化进程的加速，也必然会带来农村社区公共文化的个体主义与功利主义特征。但是，农村社区的乡土团结重建与公共事务治理，必然需要现代公民道德融入农村的公共文化伦理之中，从而使农民能够以理性而且具有公德的个体参与到农村社区的公共治理之中。因此，这三重不同特征的公共文化的混合在不同层次上对农民的个体与公共生活提供社会功能的保障。而乡土公共文化的转型路径是一个"私"文化与"共"文化混合，且向后者转化的长期实践过程。

第四节 本章小结

T协会完成自身在X村社区的组织化建构，成为X村社区的组织化治理主体。在这一过程中，T协会首先以公益理念和工作方式吸纳村民的志愿性参与，但却遭遇了动员失败的困境。造成困境的根源在于，遵循基于"私"的公共生活交往准则的村民无法直接理解和认同公益组织的基于"共"的普遍主义的公共道德与志愿精神。在认识到二者的差异性的基础上，T协会先在尊重村民所认同的公共交往文化的基础上，凭借人情互惠与经济利益的手段将村民吸纳到协会之中。进而在后续互动中，通过言传身教等方式使村民逐渐习得并内化新的公共交往准则，从而将村民基于"私"情和"私"利的参与逐渐转化为基于认同的志愿参与。在"新公共性"的视角下，T协会的组织化策略与逻辑可以被提炼为"化'私'为'共'"。而这一策略得以奏效的深层原因在于，作为"私"德的乡土公共文化对于新公共道德的建构兼具阻力与动力的二重性，并且能在一定条件下向后者转化。

总而言之，不同于外在于农村社区，以执行项目为目的的社会组织，T协会由于经历了对社区农民的参与的长期吸纳，并使其逐步内化对组织目标和志愿理念的认同，从而具有了真实的社区根基。而T协会十年如一日地扎根于X村社区参与当地环境治理与其他公共事务，因而也就成为X村社区的第一个组织化的治理主体，亦即构成了社区公共性的第一个正式的承载者。

第三章　化自在的"共"为自为的"共"：社区自治组织的培育

T协会在X村社区展开"新公共性"建构的第二步，是在X村培育社区自治组织，进一步实现X村社区的自组织化。尽管T协会通过吸纳社区成员志愿参与的方式，使协会具备了社区参与基础而成为X村社区公共性的一个组织化承载主体，但是T协会始终是外生于农村社区的。所以，通过实现X村社区的自组织化才能使社区获得内生的组织化治理主体。而"新公共性"建构的内涵之一就是实现社区成员的组织化，因此T协会对X村社区自治组织的培育意味着，社区的"新公共性"治理格局建构的进一步展开。

T协会通过吸纳村民的参与，使社区开始成为治理沙地的重要力量。但是，村民以个体的形式参与到T协会中，在本质上T协会仍是唯一的组织化的治理主体，社区自身并没组织起来承担环境等方面的公共事务的治理。基于此，T协会开始尝试培育社区的自治组织，以更深入地动员社区参与沙地治理。值得注意的是，T协会并非仅仅通过培训、开会等方式，强行输入组织化的理念和制度，而是试图通过引导的方式将社区已经具备的潜在的公共性因素转化为组织形态的公共性。这些潜在的公共性因素包括T协会组织化过程中

X村社区革新过程中产生的要素，尤其是共同体认同和志愿参与已经使社区开始出现追求公共利益的短暂和非组织化的集体行动。按照我们对公共性的划分，这代表着社区"共"的萌发，但是由于未经组织化也仅仅是自在的"共"。而T协会的组织化实践策略就是试图激活社区自在的"共"，使其转化为以组织形态存在的自为的"共"。

第一节　农村社区组织培育困境：社会资本潜在性与公益组织外来性

通常情况下，公益组织对农村社区的组织化建构，会采取项目的形式对农村社区进行价值理念与制度模式的输入。但是，实际上农村社区组织的培育和生长是需要土壤的。这个土壤就是农村社区内的社会资本。根据帕特南的定义，社区内的社会资本，是指能够使社区内部成员组织起来以进行集体行动和公共治理的关键要素，包括但不限于社会成员间的信任、普遍的互惠规范、人际的互动网络。① 如果在缺乏足够社区社会资本支持的前提下，直接对农村社区进行正式社区组织的建构，则难免陷入高投入而低产出的困境，只能在形式上搭建徒具外形的社区组织框架，而无法使社区组织获得真实的社区参与基础。② 因此，公益组织必须首先挖掘

---

① ［美］罗伯特·帕特南：《使民主运转起来》，王列、赖海榕译，江西人民出版社2001年版，第195页。
② 程士强：《制度移植何以失败？——以陆村小额信贷组织移植"格莱珉"模式为例》，《社会学研究》2018年第4期。

第三章 化自在的"共"为自为的"共":社区自治组织的培育 / 87

农村社区内既存的有利于社区组织化的社会资本,并在此基础上运用这些社会资本展开社区社会组织的培育。但是很多农村的社区社会资本不仅存量相对匮乏,而且具有隐藏的潜在性。而外在于农村社区的公益组织,可能难以发掘这些社区社会资本,作为培育社会组织的基础性要素。

一 T协会培育农村社区组织的早期尝试与困境

在T协会度过初创期的艰难阶段后,协会为了促进当地农村社区的发展,也曾试图在农村社区培育孵化一些小的社区组织以满足社区居民的需求,并为未来T协会进一步与当地社区合作打下基础。比如,T协会曾试图在当地社区组织过绿豆种植合作组织和山葡萄种植合作组织。但是,都以失败告终。

> 协会创立到2008年之间吧,我们做了很多经济合作方面的尝试。当时的主要目的一方面是通过让当地农民种植收益高而占地少的作物,来减少因为滥垦而造成的土地沙漠化,另一方面也是想看看能给当地农民和咱们协会带来一些经济收益。为了使种植能有规模效益,便于我们后续联系往城里卖,我们帮助农民成立了种植合作社。但是,几次尝试结果都不太好。[①]

经济合作组织培育的失败,固然与市场因素、自然因素有直接关系,比如价格波动和冰雹。但是,从社会因素的视

---

① 资料来源:2016年6月1日在T协会会议室对T协会秘书长WXB的访谈。

角看，T协会早期的经济组织培育失败，却也暗含着缺乏社区社会资本支持的深刻原因。

> 那几年我们组织的合作社没做好的原因很多，比如种植上的、自然灾害上的、市场上的，等等吧。但是有一个很重要的因素，是人。农民还是有你们搞社会学的人说的那个特征，"善分不善合"。农民一开始不愿意加入我们组织的合作社，他就是观望。一旦他觉得好像有可能有收益了，他就要加入了。但是加入呢，他只愿意挣钱不能赔钱。一旦赔钱呢，一些人就会把责任推到协会身上。虽然事先，我们都是签订权责分明的合同，但他还是会认为是协会的责任，一些农民会欠账或者不承担损失的成本。再一个，就是出了问题农民下意识还是守住自己的一亩三分地，没有说合作啊，谈啊那种意识，也缺乏那种能力吧。所以，虽然是搞经济合作社，但是最后都变成了，咱们协会自己在搞，农民并不真正积极参与，还是旁观或者依赖吧。所以，那个时候我就意识到，在这种条件下，搞经济合作组织时机还是不成熟。必须得先从社会那方面，培养农民的意识啊，能力啊，有了这个基础再搞经济的也不晚。①

第一，社区的能人并未承担经济合作组织建构和运行的责任，合作组织高度依赖T协会的主导。第二，参与合作社的社区成员看着自身的眼前利益，而缺乏对彼此的信

---

① 资料来源：2016年5月15日在T协会会议室对T协会会长WP的访谈。

任以及集体长远经济目标的认同。一旦经济组织的运行出现一些风吹草动，合作社的成员更多的是考虑如何减少自身损失，而不愿通过集体参与的方式解决问题。第三，缺乏合作的意识与能力。参与合作社的社区成员尽管在形式上同属于一个合作组织，但却只在有限的程度上彼此进行经济上的分工合作，以求得市场上的规模效益。但是，当市场出现波动或者合作社的运行出现困难时，合作社成员很少能够通过集体协商的方式对出现的问题进行有效的讨论，并通过合作的方式对所出现的问题进行应对和解决。此外，经济合作组织所自带的强烈的经济利益属性，更是使合作组织的社会属性弱化。

总结而言，我们可以看到 T 协会早期的社区组织培育，是缺乏相应社会资本作为基础性支持的。T 协会只是为了解决经济问题，而选择搭建相应的组织框架，却无力使经济合作组织有效运转，最终只能陷入组织瘫痪或组织解体的困境。那么，是什么原因造成 T 协会在初期的社区组织培育中无法获得足够的社区社会资本的支持？我们有必要以公益组织自身特性与农村公共性结构特征之间的张力为切入点，对公益组织培育农村社区组织化困境的深层原因加以探析。

在遭遇社区组织化失败的困境后，T 协会的核心成员经过经验总结和反思，认为在农村社区进行经济合作组织的建构的时机尚未成熟，而将工作重心重新转移到 T 协会的自身组织化发展。

二 社区社会资本的潜在性与公益组织的外来性

如前所述，随着国家在乡土场域的"退场"，农村社会进入了公共性衰退的阶段。与此同时,农村社区组织赖以生成的社区社会资本的存量也呈现短缺局面。我们在这里所使用的社区社会资本概念,来源于帕特南对社会资本的界定:"社会资本指的是社会组织的特征,例如信任、规范以及网络,他们能够促进合作行为来提高社会的效率。"[1] 我们可以从三个层面对社会资本加以理解:首先,社会资本主要是由公民的信任、互惠和合作有关的一系列态度和价值观构成的,其关键是使人们倾向于相互合作、去信任、去理解、去同情的主观的世界观所具有的特征;其次,社会资本的主要特征体现在那些将朋友、家庭、社区、工作以及公私生活联系起来的人格网络;最后,社会资本是社会结构和社会关系的一种特性,它有助于推动社会行动和办成事情。总结而言,社会资本意味着一切能够使社会组织、集体行动、社会合作成为可能的观念、关系、结构性要素,其中尤其以信任、互惠规范和组织网络为主。因此农村社区的社会资本,也就是能够促成农村社区居民的组织化、集体行动、社会合作的社区内的文化、关系、结构上的要素与特征。[2]

从这种社会资本的概念视角看,农村社会资本存量的下降意味着农村社会的组织化基础要素与特征的缺失。但是,即使农村社会普遍呈现公共性的衰落,农村社会也仍然保有一定的公共性结构,比如上文所提到的农村社区的传统公共文化的存续。因此,农村社区社会资本存量的降低同样并不

---

[1] [美]罗伯特·帕特南:《使民主运转起来》,王列、赖海榕译,江西人民出版社2001年版,第195页。
[2] 牛喜霞、谢树芳:《新农村建设:重建农村社会资本的路径选择》,《江西社会科学》2006年第11期。

第三章 化自在的"共"为自为的"共"：社区自治组织的培育

意味着农村社区社会资本的完全消解，很多情况下农村社区的社会资本也可能只是处于潜在而未被激活的"隐性"状态之下。比如，在一些农村中，大量青年男性劳动力进城打工，但是妇女和老人仍然具有承担公共事务的能力与意愿。又如，在一些农村社区中，社区成员仍然因地缘和血缘的纽带关系而对所属的村落共同体有较强的归属感，但是由于缺乏合适的表达与参与渠道而呈现集体沉默的状态。而这些潜在的要素都是可以支撑社区社会组织生成和运行的重要社会资本基础。

但是公益组织的外来性特征却很可能导致公益组织无法辨别和发掘农村社区中潜在的社会资本存量，而使得公益组织在农村的社区组织培育缺乏足够的社会土壤。徐宗阳在对"资本下乡"展开研究的过程中，提出了"外来性"的概念。他发现相对于农村内部的乡土社会结构，下乡的资本具有"外来"的特征，因而往往由于缺少对农村社会结构的认知和融入而在农村社会的互动中出现矛盾，不利于经济行为的开展。[①] 而公益组织在农村社区开展社会实践与资本下乡，在一定程度上面临着同样的"外来性"问题。公益组织的"外来性"是指公益组织尽管坚持在一线开展公益实践，但作为由于并非完全内生于农村社区，始终是来自农村社区之外的基本特征。这种"外来性"会带来至少两个方面的后果：其一是公益组织可能缺乏对农村社区的社会结构和运行逻辑的充分和深刻的认知和把握；其二是公益组织的

---

① 徐宗阳：《资本下乡的社会基础——基于华北地区一个公司型农场的经验研究》，《社会学研究》2016年第5期。

项目周期时间是相对有限的。外来于农村社区的公益组织，通常对专业知识和工作方法有较好的理解，并能够设计相应的工作方案，但是却往往对地方情境的社会状况缺乏足够的了解。如此情况下，公益组织就很难把握到有利于其开展社区组织培育的潜在的社会资本要素。项目是当前公益组织开展公益行动的主要手段，其重要特征之一就是时间周期的有限性。所以，即使公益组织能够把握到所在农村社区的潜在社会资本要素，也可能由于缺乏足够的工作时间而无法激活这些潜在的组织要素，进而为了完成项目任务而选择直接对社区成员进行组织理念、规则和制度的输入，以搭建起社区组织的外在框架。

正是由于公益组织的外来性与农村社区社会资本的潜在性之间的张力，使得公益组织往往很难对农村社区的社会资本进行深入的把握以及耐心的挖掘。而T协会早期的组织化实践行为，也存在缺乏对农村社区的潜在社会资本的把握与挖掘的问题。进而导致，T协会早期的社区组织培育，缺乏相应社会资本作为基础性支持。T协会直接对社区成员进行组织理念、规则和制度的输入，以搭建起社区组织的外在框架却无力使经济合作组织有效运转，最终只能陷入组织瘫痪或组织解体的困境。

第二节 社区组织化基础的萌发：
　　　　以T协会的组织化为桥梁

在遭遇培育社区组织化失败的困境后，T协会的核心成员经过经验总结和反思认为,在农村社区进行经济合作组织建构的时机尚未成熟,而将工作重心重新转移回 T 协会的自身组织化发展。在上一章,我们对 T 协会在农村社区的组织化实践进行了深入的描述与分析。经过了吸纳社区农民参与的组织化过程,T 协会逐步成为农民参与社区公共环境治理的重要载体。在以 T 协会为桥梁进行社会环境治理的进程中,农村社区潜在的社区资本逐步显现出来。而在 T 协会的引导之下,在环境治理的过程中这些显现出来的社会资本要素,开始被激活为社区组织化的重要基础。以 T 协会的组织化为中介,X 村社区的"公共性"状态与性质开始发生进一步的转变。

一 共同体意识的重塑

通过参与 T 协会的治沙工作,X 村村民的共同体意识得到强化和重塑。X 村作为一个自然村落,由于密切的血缘和地缘关系,其社区成员具备了一定程度的社区共同体意识。一名老村民这样描述 X 村一直以来的共同体意识:"我们这个村子一直都挺团结的,不像有些村子今天打仗明天闹矛盾。乡亲邻里的我们都过得挺和睦的,谁家有点啥事儿互相照应、互相帮衬都是经常的。但是,你要问说村子里的人聚到一起给村子里做点啥事儿,老 W 他们来之前还真是很少。"[①]

但是由于缺乏对社区公共事务的关注和治理,这种共同体意识经常只是停留在生活共同体的层面。而通过参与 T 协

---

① 资料来源:2016 年 5 月 18 日在 T 协会会议室对村民 LS 的访谈。

会组织的当地环境治理,社区村民开始以组织化的形式投入社区公共事务的治理之中,村民的共同体意识从生活层面上升到了公共治理层面,社区的共同体意识由于集体行动及其反馈给社区的经济、环境利益而得到进一步强化。协会在治沙过程中将宏大的环境目标具体化为 X 村的沙地治理。协会使治沙切实服务于 X 村,这样参与治沙就从绝对的利他转换为了相对的利他,也就是服务于农民所在的乡村共同体。正如当地农民常说的,参与治沙就是"为屯儿里做点事儿"。

> 我们家这几口人都是 W 老师他们协会的志愿者。我们为什么愿意参与呢?因为,前些年村子周围的沙化确实是一年比一年厉害,村子周围的耕地也被沙子给盖了一些,春天刮风家家户户的门窗里外都是沙子。W 老师他们协会来了,把我们旁边一大片沙坨子地给围起来,给用草啊树啊控制住了,这是造福我们啊。所以 W 老师带我们干点儿啥,我们愿意啊,这对我们有好处。没有 W 老师带动、组织,我们村子里人都知道沙化得控制了,但是我们都意识不到可以一起做什么。现在村里人给协会做志愿者,就是一起为屯子做事儿。①

在生活层面的共同体意识,能够给社区成员提供一定的社区归属感和集体感,并可以为社区成员间提供一定程度的信任和互惠基础。因而,这是构成社区组织化的潜在社会资本要素。但是,这只能支撑农村社区内小范围和非正式的组

---

① 资料来源:2016 年 6 月 3 日在 T 协会会议室对村民 ZSY 的访谈。

织网络，比如家族内部的组织网络或者邻里之间的简单的互助网络。而公共治理层面的共同体意识，让社区成员认识到自身在公共利益上的归属，以及运用集体力量解决公共问题并获取集体利益的效能感。社区成员彼此间的信任和互惠关系也就因此而得到了扩大和提升。这种治理层面的共同体意识的塑造，使得社区内潜在的社会资本被发掘出来，并作为足以支撑社区正式组织构建的基础性要素而显现和萌发。

二 公共道德的转型

在上一章，我们已经指出，T协会对社区成员的吸纳，在本质上是使社区成员内化了一种不同于传统乡土公共文化的现代公共生活准则。而社区成员在T协会中的参与和实践过程，则强化了志愿精神等普遍主义的公共道德的习得。进而社区成员将在协会中习得的志愿精神开始融入并改变当地社区的公共生活原则。在T协会的参与中，村民理解并内化了超脱于熟人关系的道德准则，这使得志愿精神能够在T协会之外进入社区的日常生活之中。因此，农村社区的公共道德就出现了一种从传统到现代、从"私"到"共"的转型。

X村社区自有的公共道德与准则，能够通过人情互惠的原则和理性计算的原则，驱使社区成员从"自我"的利益和关系网络出发，一定程度地参与到互助和集体行动之中，但是却很难支撑正式的社区组织。因为正式的社区组织，通常需要社区成员从利他主义、志愿主义等超越"私己"的价值观出发，进行集体行动和协商，以谋求更为长远的集体利益。在T协会的参与过程中，这种社区公共道德的转型，为社区组织化建构提供了相应的个体观念和道德规范基础。

三 社区精英的浮现

农村精英是指"那些比其他成员能调动更多社会资源、获得更多权威性价值分配如安全、尊重、影响力的人"[1]。农村精英由于其在村社内部的强大动员能力和操控能力，历来被作为国家治理乡村的一种重要工具，居于承上（国家）启下（村民）的中介地位。在传统社会，国家政权建设主要通过农村中以士绅为代表的精英阶层将权力贯彻到农村，实现对农村的管理控制。改革开放以来，在市场化和国家发展推动的作用下，农民逐渐原子化，社区组织对农民的束缚作用弱化，农村逐渐分化为"精英—普通村民"两个阶层。在这个阶段，农村精英成为国家在形塑乡村社会秩序过程中为减少交易费用、贯彻权力意志而不得不重视的一个阶层。农村精英可以分为治理精英和非治理精英，抑或是按照当前的村治研究中，将农村精英分为体制内精英和体制外精英。前者多指农村的政治精英，后者多指农村的经济、文化、社会精英。[2]

结合 X 村社区的治理情况而言，社区的体制内精英是村民小组组长，而体制外精英则由社区内的经济能人、社会能人、文化能人组成。但是这些社区精英，尤其是体制外精英却并没有真正走到社区治理的前台，充分承担起带动当地社区公共治理的责任。社区的村民组长更多的是作为执行基层政府和村两委行政政策和命令的角色，对社区内部的公共事

---

[1] 仝志辉：《农民选举参与中的精英动员》，《社会学研究》2002 年第 1 期。
[2] 向家宇：《贫困治理中的农民组织化问题研究》，华中师范大学，博士论文，2014 年。

第三章 化自在的"共"为自为的"共"：社区自治组织的培育 / 97

务的治理参与很少。在调研中我们发现，村民大多认为之前的村民组长没有承担足够的公共职责："以前我们村一直有小组长，但是他们干啥吧都是听上面的话。村里有啥事儿，他们也不怎么出面。毕竟人家也有自己的农活儿啥的要忙。"① 而体制外精英，则只在有限的范围内发挥一定的社会职能。这一方面是由于社区精英缺少公共参与的意识与能力，另一方面也是由于缺少相应的治理平台。

> 老 W 大哥说，我们家都是能人那真不敢当。但是，这几年确实可能因为起早贪黑地干，养羊养猪种地的挣了些钱。以前反正就是自己过自己的呗，村里有啥事儿觉得那是政府、村委该管的，跟我们没关系。但是，这几年真是受 W 大哥他们这个协会的影响，觉得应该多为屯子里做点事儿。人家老 W 他们都不是屯子的人，又帮我们治沙又带我们致富的，我们屯子里自己的人应该跟人家学习。而且以前咱有借口不知道能给屯子做啥，也没人组织。现在人家这个协会就在咱旁边，帮咱村子做好事儿。咱就多参与，多帮衬。你要是有啥想法，跟人家说，他们也能帮咱组织。②

而在 T 协会带动社区成员参与沙地治理的过程中，一部分社区精英逐渐增强了社区治理的参与意识，其能力也在沙地治理的参与中得到展现，并提升了自身参与社区治理的经

---

① 资料来源：2016 年 8 月 2 日在 T 协会会议室对村民 XSY 的访谈。
② 资料来源：2016 年 8 月 10 日在 T 协会会议室对村民 DK 的访谈。

验与能力。T协会为了增强组织自身的实力与能力，也非常注重对社区精英的吸纳和培养，并把包括村民组长在内的一些社会能人、经济能人、文化能人发展为协会的核心志愿者，赋予他们更多的责任与展示自身能力的空间。如此，原本居于社区治理幕后的社区精英便获得了机会走向了社区治理的前台。这些既有动员社区治理能力，又具备一定公共精神和志愿精神的社区精英，为T协会进行社区的组织化培育提供了关键的组织基础。

四 合作意识与能力的提升

社区成员在T协会内的组织生活的演练使社区成员的合作意识与合作能力得到一定提升。农村社区成员的合作意识与能力，是农村社区组织化的关键因素。T协会早期的几次经济合作组织的建构失败的重要原因之一，就在于社区成员只是机械化和形式化地加入合作组织中，缺少在组织中合作的意愿和合作的能力。而经济合作组织自身具有强烈的经济利益色彩，其成败又直接关系到农民的经济收益。所以经济合作组织不仅对农民的合作意识与能力有较高的要求，其治理过程的难得也使得T协会较少有时间和精力在社区成员参与合作的过程中去逐步锻炼和培育社区成员的参与合作的意愿与能力。

吸取了经济合作组织培育构建的经验教训，T协会将更多的注意力放回到了协会自身在社区的组织化建设。因为，相对而言T协会是由协会自身而非社区成员所主导的，并且社区成员在参与沙地治理的过程中通常情况下并不会与自身经济等方面的利益直接相关。所以T协会可以在吸纳社区成

第三章 化自在的"共"为自为的"共"：社区自治组织的培育

员参与的过程中，有更多的时间和精力去渐进性地对社区成员的合作行为加以锻炼和培养。村民在参与T协会的过程中，被T协会组织起来对环境进行治理，社区成员在T协会的引导下就沙地治理商谈、在一定限度内参与协会的决策以及在实际工作中分工合作。

> 对于加入协会的农民志愿者，我们一开始只是让他们在力所能及的前提下，帮协会做一些人工劳动，或者派一些志愿者对我们示范区的草原进行不定期的巡护以防有牛羊闯入。但是，随着我们越来越意识到"当地的环境治理在根本上应该交给当地人治理"的观念之后，我们有意识地对一些积极的农民志愿者进行锻炼和培养，培养他们的工作能力、合作能力。比如，协会开一些沙地治理会的时候，我们会邀请积极的农民志愿者参加，让他们也发表意见，一起讨论、共同决策。而一些事务性的工作，随着一些志愿者越来越熟练，我们也会放开手，让他们自己组织起来去完成。当然，我们也会一直从旁协助和指导。[①]

在这个参与T协会沙地治理的过程中，社区成员的合作意识与能力得到了有效的提升。第一，村民们逐渐认识到了合作参与的功能和意义。在T协会的带动和引导下，这些年来社区当地的沙地治理取得了显著成效。沙地的恢复，使得当地的农田荒漠化减轻，村落内的公共环境也因为沙尘的减

---

① 资料来源：2016年5月9日在T协会会议室对T协会秘书长WXB的访谈。

少而得到提升，一些与协会展开经济合作的农民也得到了经济实惠。这些实在的治理绩效使村民们感受到合作的价值。第二，增强了合作的效能感和信心。T 协会从只是将少量的操作性工作交给参与的村民，逐步引导村民在治理的过程中分工合作，进而使一些积极的村民成为核心志愿者参与到协会治沙的商谈和决策环节。在这个循序渐进的过程中，社区成员由在合作上的自我怀疑到逐渐获得了合作的效能感和信心。第三，参与沙地治理的村民获得了合作的经验，并提升了合作的能力。社区成员通过合作的方式参与沙地治理，使他们以此为契机获得了合作的经验，并在合作的过程中锻炼了商谈、分工、协同、互助等方面的合作能力。

共同体意识的塑造，公共道德的转型，社区精英的浮现，合作意识与能力的提升，这些以 T 协会为中介的社区变革，为社区的自组织化打下了基础，T 协会将以此为基础进一步塑造承载社区公共性的新主体——社区自治组织。

第三节 "公共事务服务核心组"：社区自治组织的成立过程

"公共事务服务核心组"是 T 协会在 X 村社区推动成立并加以培育的社区自治组织。作为自然村的 X 村只有一名村民组长，自然村从属于 L 行政村的村委会。X 村在村民小组这一级别并不存在自治组织。"公共事务服务核心组"是 X 村社区在 T 协会的培育下，自发成立的自治组织，对社区内的公共事务展开公共讨论、公共决策与公共治理。"公共事务服务核心组"暂时并不具备法律上的明确认可，但是受到X村社区村民的普遍认可，具有社会基础与实质上的合法性。

在2012年，T协会的理事会一致认为，随着T协会自身的发展壮大以及农村社区的发展与成熟，对当地社区的组织化建设的时机已经较为成熟。但是，T协会转变思路，不再试图在当地社区培育经济合作组织，转而试图在社区建构更具公益性和总体性的社区自治组织。因为T协会认为，经济合作组织逐利性不利于培育农民的公共精神，很容易导致合作的瓦解，而公益性的组织则一方面能够改变农村社区的人与社会的风气与道德，另一方面其自身的利益性较少，组织建构和发展过程中的矛盾和纠纷也会更少，更有助于公益性组织自身的存续。同时，T协会认为X村只是一个人口规模很小的自然村，所以可以以整个自然村为单位构建一个能够进行自我服务和自我管理的社区自治组织。这样，一方面有利于T协会对X村社区组织化的整体把控，另一方面有可能培育出对X村社区整体公共事务有服务与决策能力的社区组织。

> 当时，我们达成了一个共识，要想改变社区，必须改变人和社会风气。能够发挥这样的组织一定是公益性的社区组织，而不是经济合作组织。如果能让农民们都有集体意识，他们就能看到长远的利益，经济合作组织还是太看重钱了。你不改变人和风气，你再成立经济组织还是容易走老路。所以我们就开始构思在社区培育志愿服务组织。但是呢，我们不想只是小打小闹，只是搞个小的志愿者团队啊或者娱乐活动那种的组织。因为，

我们觉得这个自然村本身就不大，而这些年我们在这儿做的工作已经使社区有那种可以搞一个大一点的志愿服务组织的基础了。所以说，我们就构思着能不能在社区里搞出一个可以覆盖整个屯子的，可以在一些公共问题上决策并提供服务的组织来。我们想了很多名字，后来就定了"公共事务服务核心组"。为啥呢？因为我们还是希望从服务做起来，我们不是跟村委和政府对抗，我们是服务。但是呢，我们关注的不是个别的具体问题，还是希望着眼于村落的公共事务上。这样，将来我们协会就可以跟这个组织在很多环境治理问题上去合作。甚至以后，这个组织成熟了，我们就可以把当地的治沙交给这个组织了。因为，我们不管怎么样都是外来的，我们最后的目的还是希望在国家支持和政府作为的同时，当地人、当地社区能够自己把这些事儿做起来。①

一　成立迷你社区基金会：社区自治组织的雏形

2013年，T协会所在的示范区已经完全恢复为草原，T协会开始尝试允许当地牧羊户有偿、有序地进入示范区放牧。这既有利于草原自然循环，也能带来一定的经济效益。为了回馈当地社区的支持、建设当地社区，T协会决定将因放牧带来的经济效益（近3万元人民币）全部捐赠给X村。然而，T协会却发现当地社区并没有合适的受捐主体。如果捐赠给村委会，村委会长期疏于公共服务，且存在腐败贪污的可能，无法得到协会和X村社区的信任，因此必须直接赠

---

① 资料来源：2016年6月11日在T协会会议室对T协会会长WP的访谈。

第三章　化自在的"共"为自为的"共"：社区自治组织的培育 / 103

予 X 村。但是如果赠予 X 村，同样没有合适的受捐主体。在自然村一级，并没有相应的村民自我管理的自治组织，只有村委任命的村民组长。因此，如果将资金交给 X 村的村民组长，同样面临没有监督机制，公共财产被贪污、滥用的风险。而如果直接平均分给社区居民，则无法将这笔资金投入社区的公共事务之中。可以看到，这种"有钱捐不出去"的窘境，其实同样根源于农村社区缺乏制度化的组织主体的结构性困境。因而为了能使这笔资金捐给 X 村之后，被有效利用，不至于贪污腐败，T 协会决定推动成立一个多方参与，相互监督制衡的小组来接收这笔钱。

　　T 协会首先拟订了小组人选方案：村民组长 YZJ 作为小组组长，协会会长 WP 作为小组顾问，当地农民 ZDR 也是协会的副会长作为协会代表，一名当地农民 XSY 作为农民代表兼出纳员。然后，T 协会找到村民组长 YZJ，提出要先成立这样一个小组负责接收并使用捐赠资金，才能进行捐赠。村民组长 YZJ 高中文化水平，处事精明，勤劳务农且积累了一定的财富，是当地社区年轻有为的青年。他在 2013 年任村民组长时，就主动数次与 T 协会会长 WP 长谈，表示愿意带动 X 村发展，希望得到 T 协会的帮助和 WP 的指导。所以，村民组长 YZJ 可以看作一个有公共意识和政治进取心的农村能人。因而，面对 T 协会的主动捐赠，他毫不推辞地接受了这套小组方案。于是，在此基础上协会拟定了财务制度，在 2014 年正式成立小组，并命名为"X 村公共事务服务核心组"。T 协会将约 3 万元人民币的草原放牧收益捐赠给 X 村，由核心组代为接收和使用。

　　T 协会推动成立的核心组其实可以看作一个微型的迷你

社区基金会。T协会捐赠的资金成为这个迷你社区基金会的启动资金，村民组长、村民及协会三方代表构成这个迷你社区基金会的治理结构，基金会的资金用于当地社区的公共事务。而这种三方代表构成的治理结构，保证了作为捐赠方的协会、代表社区的农民和带有行政色彩的社区负责人之间的相互制衡和监督，防止腐败并利于资金的有效使用。而协会在其中不仅扮演了捐赠方的角色，更在农民相对弱势和组织知识储备不足的情况下，扮演了制衡行政权力和提供组织方案的引导者的角色。但是，这个迷你社区基金会虽然名为"公共事务服务组"，包含了协会对于基金会参与公共事务服务的期待，却在接收资金后，并没有发挥出实质性的作用，只是作为资金的储蓄池而存在。T协会也越发意识到，在原子化的农村社区，社区基金会的成立无法保证公共事务服务的提供，仍需要农民自治组织的建构和展开。

二 "社区基金会"转型为社区自治组织

如前文所介绍，T协会在治沙同时积极开展农村社区支持工作，其中包括提供法律咨询和援助，所以当地农民有纠纷调解和维权需要时会向T协会求助。而最让X村权益受损的是，某国有企业在施工过程中破坏了X村外的公路，并迟迟不按合同予以修复。这直接提高了X村粮食的运输成本，损害了全屯农民的切身利益，当地农民数次向上反映都没有结果。2015年初，村民组长YZJ再次找到T协会会长WP，希望WP能带领村民向政府反映问题。WP意识到，这是一个推动成立自治组织的契机："这是涉及全屯利益的事儿，是公共的事务，为什么不把它放到核心组里去办呢？要解决这个事儿，就要让农民参与到核心组里，把核心组真正作为农民的组织成立起来。"① 于是，WP 向要求维权的农民积极分子提出，T 协会协助维权的前提是，全屯必须选出若干代表进入核心组中，让核心组成为全屯的自治组织，进而，以修路维权作为第一个议案在核心组中商讨。由于这件事涉及全社区的利益，所以当地农民赞成 T 协会先成立核心组再商讨维权的提议；而村民组长 YZJ 也希望有这样一个组织才能动员村民，展开工作。于是，T 协会开始着手协助 YZJ 推动类似社区基金会的核心组，转型为作为社区自治组织的核心组。

首先，T 协会督促村民组长 YZJ，以尽可能代表 X 村成员利益为原则，提出一个 8 人的核心组成员名单。然后在全屯进行公告，任何社区成员可以对候选人提出异议，但必须提出新的候选人，以供选举。由于有 T 协会的监督和指导，YZJ 所提的名单考虑到了各家族的利益，并且推举人选都有能力和意愿服务社区，所以很快就得到了社区成员的一致通过，核心组的人员就确立下来。需要指出的是，这 8 人包括最初成立核心组的村民组长 YZJ、出纳 XSY 和 T 协会副会长 ZDR，而 WP 则在这 8 人之外作为顾问辅助核心组工作。这样核心组就真正使村民参与进来，并且得到了社区成员的承认，具有了自我代表，自我管理的社会合法性。因而核心组就不再是不具备决策能力和执行力的社区基金会，而是可以作为自治组织加以建构和行动。但是，最初的社区基金会为成立自治组织打下了必要的基础：积攒了自治组织的集体财

---

① 资料来源：2016 年 6 月 11 日在 T 协会会议室对 T 协会会长 WP 的访谈。

产，调动了村民组长和部分农民的参与，向村民提出了"公共事务核心服务组"的概念。而 T 协会抓住了维权事件的契机，将无组织的集体抗争行动的动力转化为使习惯于分散状态的农民的组织化的内在激励，进而使外在于社区的核心组向代表社区、服务社区的自治组织转型。

三 社区自治组织的内部建构

在上述努力下，核心组已经有了人员架构，但是要成为一个正式的、能够运作起来的自治组织则仍需要对组织内部进一步地加以建构，而这至少包括三个方面：组织的制度建构，组织的理念塑造和社区居民，尤其是核心组成员参与公共事务能力的养成。T 协会主要从这三个方面入手，对核心组加以培育。

在制度建构的方式上，T 协会采取的方式是事先草拟制度文件，然后在核心组召开的会议上提出，经组员讨论和修改，最终达成共识。这种方式看似有 T 协会包办的嫌疑，但却合乎农村的实际情况。当地农民文化水平有限，几乎没有组织经验，如果由农民自主拟定制度则必然效率低下，甚至因为缺乏参与能力和信心而出现集体行动失败的困境。而 T 协会采取的方式，兼顾了效率和民主，一方面实现为农民拟定制度文件，另一方面让农民充分讨论并提出意见，最终达成共识。以这种方式形成的制度包括核心组的总章程与财务制度。核心组的总章程规定了核心组的性质为该社区的自治组织，进行自我管理和自我服务（章程第一条规定，核心组负责商定 X 村的每一件公共事务）；对公共事务以一事一议为原则，具体方式为村民（包括核心组成员）提案，核心组商议并民主决策（反对提案人数达到 3 人则须全村公投），决议由核心组选出成员负责落实。财务制度则严格规定了核心组接收资金和使用资金的程序与原则，以相互监督制约的方式杜绝腐败。

<h3 style="text-align:center">公共事务服务核心组约定[①]</h3>

按照十八大报告中的要求，解决好农业农村农民问题是全党工作的重中之重。增强农村发展活力，增强农业综合生产能力。大力发展农业经济，中共中央连续十二年的一号文件都是解决民生问题，现在是农村发展的最好时期。我屯连续十几年农业丰收，但是经济效益不高，为了建设富裕、美丽的 X 村，为了建设富强、美丽的中国，我们自愿聚在一起组成公共事务服务核心组已经一年多，现重新修订，具体如下：

1. 我们要共同商定服务 X 村发展中的每一件公共事务，暂定五年（2015 年 1 月 16 日—2020 年 1 月 15 日）；

2. X 村每户都可以提出具体项目：首先，要向核心组提交该项目计划（可研报告）一式 10 份，项目内容①要做什么，②该项目意义，③该项目的（粗略）预算——工期、用料、人工……④注意事项；

3. 核心组成员 9 人共同商定该项目是否立项，确定立项程序是少数服从多数；

4. 如核心组争议很大，少数是 4 人，该项目需交全屯人"公投"——确定是否立项，程序是到场人员（每户 1 代表）

---

① 资料来源：由 T 协会提供的档案资料。

少数服从多数；

5. 项目确定立项后，核心组内选出该项目负责人（2—3人），负责项目实施全过程，项目提出人或项目负责人在项目计划（可研报告）基础上，提交项目实施方案——详细预算（讨论稿）一式五份。到财务批审组三份、出纳员一份、项目负责人一份；

6. 项目批审组每人审核实施方案——预算后，统一提出修改意见，交项目负责人修改，批审组与负责人共同最后确定《预算书》；

7. 负责组按《预算书》开始实施项目，当项目实施时间较长或遇到进度、质量、价格……（与预算书不符）问题时，要及时反映给批审组或开会，及时纠正，避免造成损失；

8. 在项目实施时，"公投"少数人要认真执行该项目的决定，不要有散布、扰乱、阻挠该项目的言行；

9. 对于核心组会议商定内容，一切以文字为准，会议中发扬民主——都以为公共事务好为出发点，有争议是必然，不要将争议内容对会外人讲；

10. 会议《纪要》由核心组保存；

11. 如想退出核心组，请提前十五天（书面）通知核心组组长，以便补选。

公共事务服务核心组财务约定[①]

自 2013 年夏天筹备、2015 年 1 月 16 日正式成立 X 村公共事务核心组以来，经过一年多的实践，有必要将财务管理

[①] 资料来源：由 T 协会提供的档案资料。

专项约定，有利于核心组工作可持续发展。

具体约定内容如下：

1. 核心组内设财务批审组，由核心组组长、会计、出纳三人组成；

2. 财务管理分两部分：日常财务和项目财务

2.1 日常财务

2.1.1 收款或银行取款时，必须出纳员与批审组两人同行、同事；

2.1.2 支款程序：办公用品、用车加油等……经手人先垫付，发票保存完整，按月、季到批审组三人签字—到出纳员处取款—票据要有五人签字（批审组三人、经手人、出纳员）方可付款；

2.1.3 旅费补助（餐）县 10—20 元，市 30 元；

2.1.4 旅费宿（1 人）县 10—20 元，市 20—40 元；

2.2 项目（工程）财务

2.2.1 收款或银行取款时，必须出纳员与批审组两人同行、同事；

2.2.2 支款程序：项目负责组按《预算书》实施，施工方每完成一段（一部分……）时，项目负责人（经手人）验收合格后，写出支款单据，并送到批审组三人签字，再将此单据送到出纳员处，出纳员按《约定》通知施工方来结算（付款）；

2.2.3 批审组与出纳员要掌握《预算书》项目进度、质量、价格；

2.2.4 项目结束时，出纳员与项目负责组要先项目财务总结，再项目组做项目总结，汇报给核心组。

在组织的理念塑造方面，T协会试图让核心组乃至整个X村社区接受并内化志愿服务的公共精神和自我管理的自主意识。对于一个社区自治组织而言，如果没有志愿服务的公共精神则服务于公共事务的集体行动难以展开，没有自我管理的自主意识则涉及公共利益的集体决策难以达成。T协会一方面反复向核心组成员申明并阐释组织的志愿性和自主性，另一方面T协会长期以来已经通过自身的志愿组织实践向当地居民展示这种公民精神，而当地居民也在T协会的志愿参与中逐渐接受并内化这些价值理念。包括村民组长YZJ在内的几位核心组成员，都在私下交谈中表示，我们就是在T协会学习做志愿者，一起给屯里做实事。

所谓能力培养，是指对社区居民尤其是核心组成员的参与公共事务能力的培养，这包括搜集信息并提出议案的能力、分析并讨论公共议题的能力，民主决策的能力、监督的能力、执行项目的能力，等等。而这些参与公共事务的能力，都是文化素质相对偏低且缺少处理公共事务经验的农民所欠缺的。对此，T协会应对的策略是让农民在参与中提升信心与能力，T协会则一直从旁扶持，予以及时的帮助、矫正和监督。比如在提出议案方面，核心组成员能形成初步的想法但不会书面表达，就讲给T协会工作人员，由工作人员起草提案的提纲，再由该成员撰写；又如在讨论公共议题和民主决策时，T协会都尽可能派工作人员参与其中，引导核心组成员有序进行发言和讨论，并监督核心组有效地行使民主决策的权利。正是在这样的公共事务参与过程中，T协会引导核心组成员逐渐养成参与公共事务的能力。

第四节　T协会的社区组织化策略：化自在的"共"为自为的"共"

在上一节里，我们描述和展示了T协会培育X村社区自治组织——"公共事务服务核心组"的基本过程，并对"公共事务服务核心组"的性质、结构、制度与运作情况做出了初步的说明和解释。值得注意的是，在培育社区自治组织的实践过程中，T协会并非仅仅通过培训、开会等方式，强行输入组织化的理念和制度，而是试图通过引导的方式将社区已经具备的松散关联和相对隐性的公共性因素转化为组织形态的公共性。这即T协会成功建构X村社区组织化的核心策略。这些社区内的公共性因素大多是T协会在农村社区的组织化过程中被挖掘和培育出来的。按照我们对公共性的划分，这些作为社区组织化基础的社区社会资本的显现与发育代表着社区"共"的萌发。但是这些社区社会资本在未经组织化之前，尚不能真正推动农村社区的自觉的集体行动与公共治理的有效展开，因而仅仅是一种自在的"共"。而T协会的实践就是试图激活社区自在的"共"，使其转化为以组织形态存在的自为的"共"，从而实现村社区的自组织化。

一　将集体行动诉求转化为组织化动力

在上文对T协会培育X村社区自治组织的描述中，我们看到，T协会促使社区基金会真正转型为具备村民参与基础的自治组织的关键契机，是对X村社区维权的集体行动诉求的回应。除了土地沙化的问题，X村村民最关心的公共事务就是"路"。"路"指的是X村外的路被某国有企业的运输车损害，迟迟得不到赔偿。一方面由于"路"的问题切实损害了全体村民的利益，另一方面由于村民的社区认同感和集体行动的意识在T协会的组织化过程中得到强化，村民们摆脱了"各扫门前雪"的状态，开始寻求通过集体行动的方式整修村内道路和向某国有企业索赔维权。然而因为缺乏集体行动的经验和足够的资金等，村民们的修路计划迟迟不能实施、维权也屡屡受挫。

> 这个修路为什么会这么急迫呢？因为村村通路已经是修好的了，但是我们周围有二百台风车，路就是当时修这二百台大风车时轧坏的；那路就是村村通，小车、拖拉机可以过；但是二十米长的筒子，七米宽的福山（大型运输车）这么拉就拉坏了，拉坏了之后呢就不是我们NGO的事情啦；它的赔偿也同意啦，然后就跟拖拉牧场、乡镇上也签了协议啦，然后也达成意见了；但就是一直做不到实际上来，路就破坏得很严重了。农民就开始告，四五个屯就开始围那个企业的厂部，就说你要给我赔偿，然后就存在不是扯皮是什么关系的状态了。在这种情况下，因为村民们了解我们协会具备一些法律援助方面的能力吧，就求助于我们了。①

由于T协会在治沙之外长期为X村做各种力所能及的公

---

① 资料来源：2016年6月13日在T协会会议室对T协会秘书长WXB的访谈。

共服务，并在工作过程中在 X 社区树立了很高的威信，村民们在集体行动失败后通过村民小组组长主动向 T 协会寻求帮助。而此时 T 协会正在考虑如何向 X 村村民提出构建自治组织的想法，于是会长 WP 顺势向村民小组组长提出 T 协会帮助村民的条件是，X 村先成立一个代表村民治理社区公共事务的社区自治组织，进而以修路维权作为第一个议案在社区组织中商讨。村民组长决定召开全村会议商讨此事，T 协会在 WP 会长向村民说明成立自治组织对于解决眼下修路问题的益处，以及此后为治理 X 村的公共事务提供平台的长远意义，并承诺以顾问的身份帮助村民进行组织建设以及后续的公共事务治理。出于对以集体行动的方式解决公共问题的急切诉求以及对 T 协会的信任，村民几乎一致同意尽快组建社区自治组织。由此，T 协会顺利地将村民的相对短视的集体行动的诉求转化为使社区组织化起来的内在动力，T 协会进一步的组织培育计划的落实也就有了真实的社区基础，而非基于项目利益的诱导抑或价值理念的机械灌输。

二 将社区体制内外精英转化为组织骨干

在上一节对公共事务服务核心组的组织化的描述中，我们看到，T 协会把 X 村体制内外的精英转化为组织骨干，从而使社区自治组织具有社区参与基础与较好的行动能力。社区组织的理事会成员并非村民直接选举而出，而是由 T 协会与村民组长共同拟订初步方案，再经由村民投票确定人选，而最终村民的投票意见与人选方案几乎一致。T 协会与村民组织拟订的人选不仅是社区中的经济、社会方面的能人，而且都热心社区事务，尤其是在参与 T 协会的沙地治理中积极参与，并承担组织其他农民之责任。因而，村民对这些人选都较为认可。需要特别提到的是，村民组长也是理事会之成员，而在理事长选举中，对于组长是否担任理事长，理事间产生了争议。一部分理事认为组长理应成为理事长，一部分理事认为这样会使村民小组与社区组织无法区分。T协会认为，X村人口较少，组织基础薄弱，如果强行剔除村民组长则必然削弱组织基础，并且可能造成社区内部的分裂，因此以顾问的身份建议组长有资格参选理事长。理事会接纳T协会意见，并在民主选举程序下选举组长为理事长。这样，T协会就通过拟订参选方案和为组长争取候选资格的方式，成功地将社区的体制内和体制外的精英转化为社区组织骨干。

三 将合作意识与能力转化为组织行动

公共事务服务核心组成立后，每一个提案，都需要理事会代表进行调研和讨论，并加以决策。而提案一旦被通过，核心组就需要委派制定的组织成员对提案内容进行执行，而核心组其他成员需要对执行过程和结果加以监督。可以看到，从决策到执行再到监督的每一个过程和阶段，都需要参与成员的相互合作。而如前文所述，在T协会组织社区成员进行沙地治理的过程中，社区成员都在不同程度上内化了合作意识，并提升了合作能力。T协会只需要加以适当的引导和指导，公共事务服务核心组就可以在一些简单的治理问题和公共事务上，进行相应的决策、执行和监督。笔者在调研过程中，对核心组能否有效地按照规章制度运转，起初持有一定的怀疑。但是，核心组成员在访谈中的回答，解除了笔者的疑惑。

其实，这个提案啊，讨论啊，决策啊一系列的东西对我们来说并不陌生。因为 W 大哥这个协会一直以来都是这么做的，我们成为协会的志愿者、会员之后，协会开一些会啊都会请我们参与。我们都看在眼里，而且也会跟他们一起商量治沙的事儿，做志愿者工作的时候我们也是要一起商量啊，合作啊什么的。所以核心组的工作方式，合作的东西我们都多少知道一点儿。而且，协会是我们这个核心组的顾问，他们会派人跟我们的会啊，工作啊什么的。我们不知道怎么做的地方，他们都会给我们指导。[①]

2015 年，成立起来的公共事务服务核心组在 T 协会的协助下展开了自治工作，包括公共资产管理、公共服务提供、组织建设，以及组织集体维权。公共资产管理，主要是指核心组继续接收 T 协会示范区草原牧羊所得的捐赠，并加以管理。在公共服务方面，核心组使用公共财产，先后修整了 X 村内道路、中秋节慰问老人、支持屯内集体文娱活动，在社区基础设施建设、社区福利、社区文娱活动等方面开展公共服务。在组织建设方面，在 T 协会的协助下核心组进一步完善了财务制度，与组织的各项规章制度。而在集体维权方面，核心组组织村民代表有序、依法地请求相关政府部门督促损坏 X 村外公路的国有企业，依照合同补偿村民并修整公路。

与其他公益组织培育社区自治组织一样，T 协会也要帮助

---

① 资料来源：2016 年 8 月 1 日在 T 协会会议室对村民 XSY 的访谈。

X村的自治组织商讨和拟定一系列规章制度，提供组织的初始资金支持，协助组织规划并实施公共服务项目。这些培育社区组织共性的方式和策略，本书不再赘述。总之，在T协会的引导以及社区的内生作用下，X村成功构建了内生的公共性承载主体——社区自治组织。

第五节　T协会激活农村社区社会资本的机制分析

T协会在X村社区培育社区自治组织的实践过程，本质上就是一个激活农村社区社会资本的过程。如前文所述，社区社会资本是使一个社区的集体行动、社会合作、社会组织得以实现的观念、关系与社会结构的要素与特征。[1] 所以要实现社区的自组织化就必须将社区内的社会资本有效地转化为社区的组织化实践。但是，当前中国的农村社会普遍面临着公共性流失、衰落和变异的困局。[2] 在这种情况下，社区社会组织赖以生成的社会资本存量也就相对呈现短缺之局面。因此，公益组织在农村社区的组织化实践必然面临如何解决农村社区社会资本不足的问题。而T协会则在组织化的实践过程中，在一定程度上激活了X村社区的社会资本，并使其成为社区自组织化的坚实基础。我们有必要对这一过程

---

[1] ［美］罗伯特·帕特南：《使民主运转起来》，王列、赖海榕译，江西人民出版社2001年版，第195页。
[2] 武中哲、韩清怀：《农村社会的公共性变迁与治理模式建构》，《华中农业大学学报》2016年第1期。

第三章　化自在的"共"为自为的"共"：社区自治组织的培育 / 117

的深层机制加以分析，从而揭示 T 协会的化自在的"共"为自为的"共"的组织化策略与逻辑得以奏效的内在原因。

一　从"隐"到"显"：农村社会资本的增量可能

在 T 协会的早期社会组织培育过程中，由于 X 村社区社会资本存量不足，T 协会的社区组织化过程缺乏足够的社会资本作为基础与支撑，从而陷入了社区组织培育空壳化乃至解体的困境。但是，通过 T 协会将社区成员吸纳进自身的组织化实践，X 村社区的社会资本却从隐性的状态被激活，并成为显性的组织化基础萌发出来。这一实践过程向我们揭示，农村社区的社会资本有可能并不完全是因为存量的匮乏而无法满足组织化需要，也有可能是因为一些潜在的社会资本尚处于未被激活的隐性状态。而将隐性的社会资本发掘出来，并转化为显在的社会资本，则是增量农村社会资本的可能机制。

在农村公共性普遍衰落的趋势下，社区社会组织赖以生成的社区社会资本的存量也呈现短缺局面。但是，即使农村社会普遍呈现公共性的衰落，农村社会也仍然保有一定的公共性结构，比如上文所提到的农村社区的传统公共文化的存续。因此，农村社区社会资本存量的降低同样并不意味着农村社区社会资本的完全消解，很多情况下这些社会资本只是处于潜在而未被激活的状态之下。比如，在一些农村中，大量青年男性劳动力进城打工，但是妇女和老人仍然具有承担公共事务的能力与意愿。又如，在一些农村社区中，社区成员仍然因地缘和血缘的纽带关系而对所属的村落共同体有较强的归属感，但是由于缺乏合适的表达与参与渠道而呈现集体沉默的状态。而这些潜在的要素都是可以支撑社区社会组织生成和运行的重要社会资本基础。

以 X 村为例，该村的社区社会资本就在多个层面上曾处于未被激活的潜在状态。其一，X 村社区由于地缘与血缘的纽带关系以及熟人社会的共同体状态，而存在着一定的共同体意识，能够为社区的集体行动与组织化提供一定程度的共同意识、信任、互惠规范与人际网络。其二，基于这种共同体意识，X 村社区也存在着能够维系公共生活的一些基本道德原则与规范。其三，尽管一些劳动力外流，但是 X 村社区仍然有一些具备发起集体行动与组织化的能人或精英。其四，社区内一些家族内部或邻里之间的互助网络，可以为更广泛和深层次的合作提供网络基础。而这些社区社会资本，是有可能从潜在的隐性状态转化为显性状态。比如，一些农村社区的能人或精英往往由于缺乏适宜的平台和渠道，而无法成为构建社会资本与实现社区组织化的中坚力量。如果能够将这些精英、能人从社区之中识别出来，并给予其发挥的空间与场所，那么这一层面的社区社会资本就会显现出来，进而实现农村社区社会资本的增量。

二 将共同体意识与志愿精神转化为组织参与

理事会成立之后，社区组织的治理结构已经搭建起来，进一步则需要组织在规则和制度之下运转起来，这需要理事会成员积极发挥作用，以及村民们的有效参与。对于前者 T 协会选择对理事会成员进行培训，除了能力建设之外，T 协会试图使理事会成员将在参与 T 协会治沙中逐步内化的志愿精神运用于社区组织之中。T 协会通过言传身教与监督的方式，使理事会成员认识到作为理事的责任在于以志愿精神服务于社区，而非成为凌驾于社区的特权阶层。

> 农民的思维里有很强的"官本位"意识，所以你们学者说的自治的村委会啊，其实在农民眼里很多时候就是官，是公家，是管别人的权力。而我们帮助 X 村成立的"公共服务核心组"在农民眼里一开始就有点像一个村委会之类的，一些成为理事的村民可能就有点"官"的感觉了。这个时候，我们之前所做的工作就体现出效果了。我们在 X 村吸纳农民志愿者的过程，已经向他们渗透了志愿精神。所以，我们在成立核心组的时候就告诉所有村民，还有理事会成员，这个核心组就是一个志愿组织，参与进来的人都是志愿来为村里服务的，不是来谋权谋利的。这些村民、理事，就明白该怎么做了。因为这些人基本都是在治沙过程中，看得出来是有志愿者精神那股劲儿的，所以只要我们加以引导和监督，他们就能发挥自己的力量服务这个村子了。①

而对其他村民，T 协会则在社区不断增强的共同体意识的基础上，向村民讲明"公共事务服务核心组"对于社区公共事务治理的意义，进而实现共同体之利益。村民在认识到，社区组织化之于共同体的意义之后，更为积极地参与社区组织的选举、集体决策以及决策执行之中。

---

① 资料来源：2016 年 7 月 11 日在 T 协会会议室对 T 协会会长 WP 的访谈。

这个核心组是 W 大哥他们协会帮我们村里成立起来的，这几年给村里做了不少事儿。我们这个村子本来就团结，矛盾少一些，有了这个核心组之后大家就好像有组织了，很多事儿就有地方商量，可以一起做了。W 大哥他们就常跟我们说，咱屯子是个大家，每个人都得出力才能把屯子公共的事儿做好。我们现在越来越明白为啥他们这个协会要把我们聚到一起做事儿，因为屯子里共同的事儿跟我们每家每户的利益都有关联，我们必须一起把集体的事儿、集体的问题解决好，我们这个屯子才能好，每家每户才能更好。①

三 挖掘与转化：公益组织的实践逻辑

正如植物的生长需要土壤，公益组织在农村社区的组织化建构，同样并不能无中生有。公益组织固然可以为农村社区的组织培育，提供一定的资源、制度模式、规则内涵、组织框架，但是，要使农村社区成员真正被调动起来，并使建构起来的社区组织真实地运转起来，则需要相应的社区社会资本——组织化的相关基础要素的支持。因此，公益组织如果想在农村社区成功地培育社区组织，则必须找到社区内原生的社会资本要素，并在此基础上引导社区组织化起来，而不是在忽视农村社区社会结构与文化结构的前提下，单单从公益组织的规划蓝图出发，凭借资源或者政策上的优势在农村社区进行组织化建构。

T 协会对农村社区的组织化建构，首先是对农村社区既

---

① 资料来源：2016 年 8 月 1 日在 T 协会会议室对村民 XSY 的访谈。

存社会资本的发掘。一方面，公益组织在开展社区组织化建构之前，需要对农村社区的社会结构和运行逻辑有一定程度的认知和把握，从而能够识别出农村社区的社会资本，尤其是其中潜在性的社会资本因素。T协会就在与当地社区的长期互动之中，对X村的社会结构、文化观念、关系网络有了更为深入的了解，从而能够识别出X村中一些潜在的社会资本。比如，社区中的一些热心公共事务的能人精英，就在T协会调动社区成员参与治沙的过程中被发掘出来。另一方面，T协会通过调动农村社区成员参与协会治沙的志愿活动，将潜在的社会资本在集体行动中展现出来，并发育为社区自组织化的基础性力量。

其次，T协会根据培育社区自治组织的需要，策略性地将被识别与展现出来的社区社会资本转化为社区自治组织的组织化基础。集体行动的诉求、体制内外的精英、共同体意识与志愿精神以及合作的意识与能力，都是可供T协会进行社区自治组织培育的基础性要素。在适当的契机下，T协会通过一定的引导与激励，可以将这些社会资本要素，转化为社区自治组织的动力、骨干、参与以及行动。这样，社区自治组织的培育就不再仅仅是一个外部力量对农村社区的改造与建构的过程，同时也是社区内生要素与力量的自我发育、重组与再造的过程。这样的转化过程，才能真正将社区社会资本激活，构成社区社会组织的基础与支撑性力量。

四 从"自在"到"自为"：农村社会资本的发育路径

农村社区的社会资本，是农村社区的集体行动、社会合作、社会组织得以实现的价值观念、关系网络、社会结构的总和。当前农村面临的普遍的公共性衰落局面，导致农村社区的互惠规范、信任关系、组织网络都在不同程度地衰减。这种衰减一方面意味着，农村社区的社会资本存量的减少；另一方面也意味着，农村社区的社会资本从外显的形态进入潜在的隐性状态，也就是说这些社区社会资本虽然仍然存在却并不能引起农村社区的集体行动与组织化进程。而农村社区的社会资本对农村社区的公共性建构具有难以替代的功能与价值。因此，激活农村社区的社会资本，意味着促进农村社区社会资本的增量与发育。而T协会在农村社区的组织化实践表明，仅仅将农村社区潜在的社会资本识别且展现出来，并不会直接导致农村社区的组织化。未经组织化的社区社会资本仍然是松散并缺乏主体自觉性的，这在本质上就是一种"自在"的状态。因此，只有将农村社区的社会资本真实地转化为集体行动与组织化网络，那么凝固的社会资本才能被真正激活并进入一种自觉且能够承担社会功能的"自为"状态。社区社会资本从"自在"到"自为"的过程，是农村社区社会资本可能的发育路径。在这个过程中，社会资本成为社区内公共性结构中的"共"的组织化部分，并有可能再生产出新的社会资本。

第六节　本章小结

T协会培育X村社区自治组织，使其成为X村社区内生的组织化治理主体。在这一过程中，T协会首先向村民输入组织理念、制度和资源，搭建起社区组织的基本框架，但却遭遇了社区组织空壳化乃至解体的困境。造成困境的根源在于，T协会在农村社区的组织培育，缺乏社区内生的社会资本与组织资源作为支撑。在认识到这一点后，T协会在通过自身组织化使社区社会资本萌发的基础上，将社区潜在的组织化意愿和能力整合起来，建立了社区自治组织。在"新公共性"的视角下，这一组织化策略与逻辑可被提炼为"化自在的'共'为自为的'共'"。而这一策略得以奏效的深层原因在于，农村的社区社会资本兼具缺失与潜在的二重性，而被挖掘出的社区社会资本可以作为社区自组织的起点与依托。

第四章 "公"与"共"的互渗与制衡：
基层自治组织的革新

T协会在X村社区进行"新公共性"建构的第三步是，对X村的基层自治组织的革新。这种革新是指，使原本被行政化的村民小组获得更多的社区参与基础，从而在执行基层政府与村委的政策与命令之外，能够更多地参与到社区内部的公共服务提供与公共事务治理之中，并且在社区治理的决策与实践过程中更多地汲取社区成员的民意与行动。简而言之，这种革新意味着使基层组织的性质由行政性的"公"转变为行政性的"公"与社会性的"共"的混合。

作为自然村的X村，是隶属于L行政村的一个村民小组，因此X村在形式上是作为一个治理主体存在的。在社区民主和自治的原则上，村民小组应在社区成员认可以及村委授权的情况下推举出村民组长，进而以小组的形式对外协调，对内治理。但是，X村的村民组长实际只是单纯由L行政村的村委授意任命，执行村委的"行政命令"，X村小组在实质上并没有真正组织起来对社区内部的公共事务进行自发的治理。L行政村的村两委在相当程度上是作为乡镇政府的行政末梢而存在，X村小组又直接由L行政村主导，因此作为形式上的治理主体的村民小组一方面很少涉及公共治理，另一方面可以被视作行政末梢在最基层的延伸，以行政权威在 X 村承载公共性，亦即"公"的代表。因此，X 村社区所成立的社区自治组织实际上在相当程度上承担了本应由村民小组承担的内部治理责任。在这种情况下两个组织之间必然会产生一些交集与摩擦。为了协调二者的关系，并避免 X 村的"公共事务服务核心组"被基层组织所俘获，T 协会采取了主动制衡的策略。然而意外的结果是，T 协会培育的社区自治组织及其制度化的运行，以及 T 协会的制衡作用却反而使村民小组的性质发生了一定程度的变化。

第一节 社区社会组织的行政化风险："公""共"权力关系的不均衡

公益组织在农村培育的社区社会组织，并不是一个孤立的社会主体，而是处在农村社区的关系结构之中，尤其是地方社会—政治权力关系结构之中的。而社区社会组织，作为社会组织的一种，其重要特征就是独立性与自治性。只有不在农村社区的关系结构中，被其他社会主体所同化、侵蚀和控制，公益组织所培育的社区社会组织，才能保持自身的独立自主，进而以独立的组织化主体进行公共事务治理，参与到社区的公共性建构之中。但是，孙飞宇等人的研究表明，社会组织在农村社会主导的社会改革与实践，有时候不仅不能生产新的"社会"空间，反而沦为地方政治—社会结构的再生产空间。① 具体到公益组织在农村培育的社会组织而言，就是说存在一种风险，即农村原生组织结构因其在农村社区所具有的政治、社会和文化上的影响力，可以对新生的社区社会组织进行渗透、吸纳和同化。而这种对新生社区社会组织的异化，通常可能包含两个方面。其一，农村社区内生的组织网络，如宗族组织等，对新生社区社会组织的侵蚀。其二，农村社区的基层自治组织，即村两委和村民小组，对新生社区社会组织的侵蚀。由于本书所涉及的个案，农村社区内生的传统组织网络相对薄弱，所以我们在这里集中探讨基层自治组织对新生社区社会组织的可能侵蚀和异化。由于农村的基层自治组织在一般情况下，往往是作为基层政府的行政末梢而存在，所以我们可以认为农村的社区社会组织存在被基层组织同化、侵蚀的风险，在本质上是一种被行政化的风险。

一 基层自治组织的强势与社区社会组织的弱势

一般而言，农村社区的基层自治组织主要是指村两委。1978年改革开放以后，随着人民公社政社分设之改革，各地农村先后设立乡镇政权组织，作为党和国家在乡村基层社会的行政组织和治理单元，相应的村庄一级则设置村民小组（社）和行政村一级，形成了中国农村社会最为基层的管理和服务体系。根据《村民委员会组织法》之规定，行政村是为实现国家意志而设立的农村基层管理单位，其组织形式是

---

① 孙飞宇、储卉娟、张闫龙：《生产"社会"，还是社会的自我生产？以一个NGO的扶贫困境为例》，《社会》2016年第1期。

第四章 "公"与"共"的互渗与制衡：基层自治组织的革新

村民委员会，是农村居民的自治组织。一般情况下，一个行政村又可划分为几个村民小组，每组设一个组长，村民小组受行政村村党支部和村民委员会的管理和领导。村委会是按照《村民委员会组织法》之规定，在国家及其基层政府授权的基础上，采取村民自治的方式，以治理属于本村庄具体公共事务。村党支部是党中央在乡村的基层组织设置，亦是中央密切联系群众、支持乡村社会发展的主要组织形式。村级党支部在村庄政治生活中负有主要领导责任，在村庄经济社会发展中处于核心地位。"村两委"共同构成了"乡政村治"模式，为我国乡村治理的主要组织形式。相较于村民小组，行政村的设置更多是在基层党政政权的行政干预下，为了实现地方政权对乡村社会的管理和控制而形成的，它脱胎于人民公社体制下的生产大队，具有相对独立的村级发展规划、生产预算、自治管理和公共服务之功能。

本书将行政村下设的村民小组，视为基层自治组织在农村社区最末端的延伸。一方面村民小组是一个生活与生产的地缘性共同体。村民小组既是一个自然村，它是村民们"生于斯、长于斯、死于斯"的熟人社会，他们在这里世代繁衍生存，所有日常的社会互动、人情往来、合作互助、休闲娱乐等活动均在这一"场域"中实现着；同时村民小组亦是一个生产队，村庄土地和生产资料都以此生产单位为界有着较为清晰的范围，村民通过生产上的互助合作，构造了一套熟人社会的秩序机制，亦形成了独立的村民小组之"共同体"认同和归属。但是，另一方面村民小组也是农村基层治理的最小单元，而村委会对村民组长的授权与任命则意味着村民小组也被吸纳到村两委的治理体系之中。因此，村民小组也可以视作基层自治组织的一部分。

在"乡政村治"体制下,基层政府的行政任务下放到农村,农村基层自治组织成为基层政权实施治理的工具,乡镇政府的"委托"实现其"代理"角色,村委会忙于应对各种下放任务和指派,以换取基层政权对村委会任职人员的资格认可和资源分享,尤其是村干部的工资采取财政发放,村干部对基层政权的"事本主义"更加不可遏制。而本应该由村委会处理和解决的村庄公共事务却被搁置,村干部无暇面对和关注村民的经济社会文化需求,无法提供村民所需的公共产品和服务,也没有充足的资源进行有效的治理;村委会与乡镇政府愈来愈亲密,与村民的关系愈来愈疏远,造成村委会的有名无实、名实分离的状况,从而出现村委会的角色错位,造成农村基层治理的主体缺位状态,村委会成为"悬浮式"的基层群众自治组织。[①] 这种"悬浮式"的状况究其本质,是村委靠近公权力而远离村落共同体的结果,是一种去社会化而转向行政化的趋势。

但是,也恰恰因为农村基层自治组织的行政化,也使其分享了一定程度的基层政府的行政性权威。尽管缺乏社会根基的基层自治组织无法有效地动员社区成员参与公共事务的治理,但是其所具备的行政性权威,使其获得了一种可以凌驾于村落共同体之上的强势地位。而同时,村委的核心成员通常是由村落内部的经济能人、政治能人或者文化能人构成,这些精英成员本身就有着超出普通村民的能力、声望与

---

① 尹广文:《乡村振兴战略背景下的乡村社会治理图景——基于高柏镇的实地调查与思考》,《福建论坛》(人文社会科学版) 2018 年第 12 期。

影响社区事务的影响力。因而，基层自治组织又在行政权威之外，具备了精英赋予的社会性权威。

然而，新生的农村社区社会组织尽管因其真实的社会基础而具有动员社区村民参与公共事务治理的潜在能力，但是作为新生组织常常会因为缺乏组织经验而无法充分展现其动员能力。更为重要的是，社区社会组织并不具备基层政府所赋予的行政性权力。而社区社会组织所具有的集体行动和社会动员的潜力，又有可能构成对地方政府维稳逻辑的威胁，所以基层政府也会在可能的情况下，借由村委组织的手对社区社会组织加以限制。而村委组织也有可能因为感到新生社区社会组织在公共治理上对自身公共治理能力与合法性的威胁，而选择主动控制的组织策略。在这些情况的叠加之下，新生的社区社会组织很有可能在与基层自治组织的对峙之中，处于弱势地位。而在 X 村的组织化实践之中，我们也确实可以看到新生的"公共事务服务核心组"因缺乏行政权力的背书和加持，以及自身发育水平的初级阶段所造成的社会动员能力不足，而在实力对比之中无法与具备行政权威以及精英权威的村委和村民组长形成均势。

二 "公共事务服务核心组"的行政化风险

正如上文所述，X 村新生的社区"公共事务服务核心组"与 X 村的村两委和村民小组所构成的基层自治组织的力量对比同样也是不均衡的。X 村所属的基层自治组织，有可能会凭借其行政权威而对新生的"公共事务服务核心组"进行干预和控制。基层自治组织可以凭借基层政府赋予的行政化权力，使新生的"公共事务服务核心组"被基层自治组织所控制，并根据其治理意愿，对核心组进行管理和工具性的使用。如此一来，核心组就会面临空壳化、外形化的危机，并有可能成为基层自治组织的附庸和工具而存在。这种情况下，"公共事务服务核心组"就会被行政化。这里的"行政化"的含义与基层自治组织的行政化有所不同。基层自治组织的行政化，是在基层政府的委托代理过程中而被行政权力所直接行政化的。而社区社会组织的行政化，则是间接性的，即被行政化的村委与村民小组同化和控制所造成的次级行政化。因此，X村社区的新生的"公共事务服务核心组"就在理论上面临着行政化之风险。

而事实上，在核心组的运作过程之中，由于关键人员的组织重叠以及特定的组织机制和动员过程，以及决策机制，"公共事务服务核心组"与基层自治组织总是处于一个可能的相互渗透的过程之中。这个互相渗透的过程，使得核心组的被行政化在事实上存在了组织机制上的可能性。

X村成立的社区自治组织并未得到基层政府和村两委在制度上的授权和认可，因而是纯粹自发的农村社区组织。所以尽管村民已经开始通过社区自治组织处理X村小组大部分的公共事务，但社区自治组织并不能等同于村民小组。社区自治组织与村民小组的交集在于村民小组长兼任了社区自治组织的理事长。这使得社区自治组织和村民小组之间的关系变得复杂而微妙。一方面，作为"公共事务服务核心组"的理事长YZJ同时也是村民组长，因而在社区组织的公共决策中，村民组长不可避免地会从组长的身份出发代表基层政府与村两委的意志参与其中。比如在一些维权行动方面的决策过程中，村民组长有几次受到基层政府与村两委的授意而不得不投反对票。另一方面，由于社区组织的存在，从前由村民组长单独决定或直接执行村委意志的事务，或多或少地要经由社区组织的理事会的讨论和表决才能决定和执行。比如村委授意村民组长 YZJ 在 X 村组建农业合作社，原本村民组长决定虚设一个合作社，而村民在得知这一政策后要求通过"公共事务服务核心组"商议组建一个实质性的合作社。由此，代表"共"的社区组织和"公"的村民小组开始相互渗透。在这个互相渗透的过程中，由于基层自治组织所具有的强势地位，以及与社区组织间不均衡的权力关系，基层自治组织如果有意愿对社区组织加以干预、控制或者同化，那么新生的"公共事务服务核心组"将很可能面临被行政化的风险。因为，基层自治组织自身已经被基层政府所行政化，作为基层政府的行政末梢的基层自治组织对社区组织的同化，必然导致新生社区社会组织的行政化趋势。作为长期与地方政府打交道的非政府组织，T 协会深知社会组织保持自身独立性与自主性的艰难与重要性。因此，在社区自治组织后续的发展过程中，T 协会注重对其独立自主性的保护，并在实践过程中摸索出了化解社区组织行政化风险的组织策略。

第二节 T 协会的风险化解策略：作为第三方的制衡

社区社会组织被行政化的风险，根源于社区社会组织与基层自治组织在权力上的不均衡。而社区社会组织被行政化的过程实质，在于基层自治组织试图以控制和同化等单向度的方式与社区社会组织进行不平衡的互动，并试图把自身的意志和行动逻辑贯彻到社区社会组织之中。因此，要想化解此种风险，破解基层自治组织对社区社会组织的行政化控制和同构，公益组织必须重构二者之间的权力关系，并重新调整二者在社区公共治理上的互动关系。

T协会在对社区"公共事务服务核心组"的培育和引导过程中，逐渐发现了基层自治组织对核心组的控制和干预倾向。为了避免新生的社区自治组织被再次行政化，T协会发挥自身的专业性和中立性，并依托自身的组织资源和外部关系，以第三方的身份介入二者之间的互动之中。T协会对社区自治组织的行政化风险的化解策略，从根本上而言，是将自身作为第三方去制衡"公"与"共"的关系，从而优化二者的权力关系，使二者能够在一种更为平等的状态下进行互动以及共治。

一 以"社会权威"平衡"行政权威"

首先，T协会作为社区的治理主体以组织自身的实力与实践策略去平衡X村社区中"公"与"共"的力量对比。在一般情况下，基层自治组织之所以能够通过渗透、干预改变社区组织的性质的根本原因在于，二者的力量对比的不均衡。拥有行政权威和更为丰富的组织经验与策略的基层组织处于强势，而新生的社区组织则由于发育不足、资源匮乏处于弱势。在这种局面下，T协会尝试通过使二者的力量对比在一定程度上达到了均势，而降低村两委与村民组长对"公共事务服务核心组"进行干预、控制和同化的可能性。而T协会之所以能够使二者之间形成一种相对的均势关系，其根源在于T协会自身所具备的"社会权威"。

如果说被基层政府赋予行政责任与行政权力的农村基层自治组织拥有一定的"行政权威",那么公益组织则可能因其所具备的专业知识、公益资源与外部社会关系获得一定程度的"社会权威"。T协会在二十几年的发展过程中,因其所秉持的价值目标和观念越来越被认同,而在全国范围内获得了相当程度的社会资本。而近几年来,随着国家政策的倾斜以及基金会的支持,和公益众筹的兴起与运用,T协会已经度过了组织资源入不敷出和捉襟见肘的阶段,且拥有了相对丰富的经济资源,并且可以反哺于农村社区。T协会在治沙过程中所展现出的志愿精神以及取得的治沙效果,也越来越被国家和政府所认可,协会的创始人WP和秘书长WXB获得了越来越多的荣誉,并分别成为J省政协委员和J省人民代表大会代表委员。在此情况下,T协会的外部政治、社会关系也越来越丰富,其政治和社会影响力也在扩大。而回到农村社区之内,由于T协会在当地社区的公益行动,给当地村民带来了大量的治理绩效,在环境、经济、文化等方面给当地社区成员也带来了相应的利益和效益。因而,T协会也在农村社区之中具备了更高的威信、获取了更多的信任,也就在X村社区具备了更强的社会组织和动员能力。T协会在自身组织化与专业化的建设与成长,以及自身在社区内外的影响力的提升,使得T协会获得了不同于基层自治组织的社会性权威。

最开始,老W他们来到我们村的时候没有啥特殊的,没啥能量。我们都知道他是带着些钱来这儿围起来一片地干点儿啥，可能挺有钱的。但是，这钱他也不给我们村子里。所以村委会啊，村民组长啊都不太把他当回事儿。但是，往后几年就不一样了。老W他们有文化、有知识真是帮村子里人做了不少事儿。大家就开始服他了，他说的话在我们这儿就有威信了。后来，他们治沙挣了钱，还捐给屯子里。大家就更服气了。所以，我们这些屯子里的人都服他，协会有啥建议啦，说法啦村子里人都考虑。再往后，他们做的事儿好像被政府都知道了，好多媒体来采访报道，听说WXB还进省人大了。这就不一样了，村委会、屯长对他们的态度就不是原来那样了。有些村里的事儿，他们就商量着来。①

T协会所积累的资源、社会资本、动员能力，使其在当地具备了一定的政治、社会影响力。这种社会性权威，一方面能够使T协会获得更多的X村社区成员的支持与信任，另一方面也能够使X村所从属的村两委以及村民组长在一些公共事务上需要更多地倚仗T协会的资源与能力。正是凭借这种社会权威，作为X村主体的T协会能够为尚还弱小的自治组织"撑腰"，从而防止基层组织凭借自身的强势地位越过民主制度改变社区组织的自治性质。

二 以第三方身份监督自治制度与程序的落实

T协会凭借"社会权威"对基层自治组织的"行政权威"的平衡，使得T协会防止社区自治组织的被行政化成为

---

① 资料来源：2016年8月15日在T协会会议室对村民LB的访谈。

可能。但在实际运作中，T协会必须找到相应的制度手段，来使社区自治组织的社会性处在制度性的保护之中。T协会所找到的制度性手段，就是使自身以第三方的身份参与到社区自治组织的运作之中，以监督社区自治组织的自治制度和自治程序的落实，以防止基层自治组织的过度渗透和干预。首先，在社区自治组织设计的初始阶段，T协会就将自身作为顾问的角色放在了自治组织的架构之中。这种顾问的角色，一方面既可以使T协会不过度干预社区自治组织的运作，从而导致社区自治组织对自身形成依赖，进而成为T协会在农村社区的附庸；另一方面又可以使T协会以一种更加中立和公正的身份和角色介入社区自治组织的运作过程中。其次，在社区组织的选举、决策过程中，T协会坚持以顾问的身份参与其中，监督组织自治程序与制度的落实。尽管社区自治组织的规章制度并没有要求T协会全程参与核心组的全部运作过程。但是，事实上，作为顾问T协会几乎参与了社区自治组织的所有重要选举和决策。作为顾问，T协会除了发挥引导和提出建议的作用之外，还起到了客观上的监督作用，使得民主程序得以保证，防止基层组织的过度渗透和干预。而这种监督作用之所以能够发挥，就是因为T协会所具有的"社会权威"。这使得T协会的监督有一定的效力，而非形同虚设。

最开始我们参加W老师组织的这个核心组的时候，说实话我们并没有太把自己当回事儿，因为村里面的事儿基本上总是有几个人说了算。我们说是要一起开会啥的，但是真能开成啥样也不知道。而且屯长YZJ也在，他还当了核心组的理事长，我就觉得那就他说了算呗。但是，W老师他们几乎每次核心组开会啊，选举啊一定都会派人到场，不管是大学生志愿者也好、秘书长也好、会长助理也好。他们只要有人来听我们开会，我就觉得大家那个劲头儿就不一样。而且，我们都是农民很多事儿掰扯不清楚，协会来人很多时候能给我们些指导啊。感觉核心组一直还真都是挺民主的，没有谁能一个人说了算，屯长也不行。反正就多亏了协会这帮志愿者了，能带着我们一起做成了很多屯子里早该有人做的事儿。①

三 以第三方身份促成基层组织与社区组织的良性互动

以第三方的身份促成基层组织与社区组织的良性互动。社区自治组织与基层自治组织的关系并非天然的对抗关系，对进行公共治理以实现社区公共利益的意义上而言，二者其实也具有根本的一致性。而二者在公共治理上又因各自的特点而具有优势上的互补性。比如，村委和村民组长具有行政权威上的优势，却缺少足以进行社区动员的组织载体。而"公共事务服务核心组"，虽然可能具有更好的社区参与动员能力，却因为没有行政性权威而在一些情况下无法触及社区的核心公共事务治理。此外，"公共事务服务核心组"在法律合法性上也相对处于劣势。毕竟村民委员会制度才是农村自治的基本制度，是法律所赋予的代表村落居民进行自治的合法组织载体。而"公共事务服务核心组"，虽然也被称为

---

① 资料来源：2016年8月11日在T协会会议室对村民XSY的访谈。

社区自治组织，并在一定程度上履行自治职能，却也并没有在真正意义上获得法律合法性的认可，而只具有一定意义的社会合法性。

正是基于这种在公共治理上两种社区组织功能互补的认识，T协会在维护核心组自治性的基础上，进一步寻求使二者在公共治理上进行良性互动，从而消解二者之间潜在的对抗性，以减少社区自治组织被基层自治组织所行政化的风险。在核心组成立之前，T协会往往扮演与基层自治组织互补且良性互动的角色。T协会既有公益组织所特有的专业性，同时也在多年的社区治理参与中获得了相当的社会认可与组织基础。因此X村的村民组长在政策执行或治理社区中遇到困境时，经常主动向T协会寻求帮助。在"公共事务服务核心组"成立之前，T协会通常情况下在能力允许的范围之内就有益于社区的事务，帮助村民组长出谋划策，争取资源或者动员村民参与和集体行动。但在"公共事务服务核心组"成立后，为了能够使核心组更多地扮演与基层自治组织良性互动的角色，T协会转变了对村民组长的帮助方式。当村民组长在向T协会求助的时候，T协会表示不再接受直接的索取和寻求支持，而是要求村民组长以提案的形式将其想法置于"公共事务服务核心组"的理事会议中加以讨论，T协会作为顾问会参加会议听取各方意见，并从旁辅助。为了获得T协会的资源和支持，大多数情况下村民组长都接受了T协会的要求。

在没成立这个"公共事务服务核心组"之前，村子里有一些事儿屯长就经常来我们协会和我们商量。因为，这些年我们在村子里做的事儿他们都看在眼里，知道我们是真心实意地为村子做好事儿。再一个屯长他们也慢慢发现，我们这个协会是挺厉害的，哈哈。我们这个协会的理事会啊，志愿者团队啊，包括专职人员，都是一些有知识有文化的人。而且我们懂农村，有农村工作经验。所以，村委和小组长信任我们，愿意就村里的一些需要解决的问题和事儿与我们商量，寻求我们的帮助。但是，成立了这个"公共事务服务核心组"之后，我们就想村里的事儿不能只是村委和组长去决策，也不能只是跟我们商量，应该通过这个"核心组"把村民们带进来。因为，虽然这个核心组已经就村里的一些事儿进行了一些讨论也做了一些事儿，但是跟村委和小组长做的一些事儿还是隔开的，等于是各做各的。我们觉得应该让核心组和他们合作，不能各办各的。合作起来，很多事儿能办得让更多村民满意。于是，我们就想到了一个办法：就是让村民组长再与我们协会商议问题，必须经由核心组讨论的环节。我们协会作为顾问参与，会给建议，但是村民们也必须加入讨论。村民组长也不可能所有的事儿都听我们这个办法，因为他们有他们的考虑。但是，只要村民组长能慢慢地开始按照我们的建议，把一些他觉得适当的、可以的事儿拿到核心组里去研究，那么我们的目的就达到了。[①]

如此一来，有些涉及社区核心公共事务，本来并不被社

---

① 资料来源：2016年8月23日在T协会会议室对T协会会长WP的访谈。

区成员所广为知晓的决策过程就进入了社区成员的视野之内。而由于"公共事务服务核心组"的组织制度和过程的要求,社区成员可以在提案的讨论会议中,对村民组长的决策进行讨论甚至辩论。进一步地说,在各方面达成共识的情况下,核心组常常会委托核心组的执行团队与村民组长就商定的决策进行相关事务的执行与展开。在这种运作过程之下,通过 T 协会巧妙地引导和让位(于社区自治组织)的策略,就使得社区自治组织的参与进入这些决策和执行过程之中,而使得原本由村两委和村民组长垄断的决策和执行过程,加入了社区村民的声音和诉求。由此,作为行政化的基层组织末梢的村民小组逐渐融入了更多社区社会性的因素。而村民组长也在实践中逐渐意识到,社区参与能够使一些本就有利于社区的政策和决策,更易于获得村民的理解和支持,从而更易于推行,因而甚至开始主动寻求社区自治组织对自身决策和执行过程的参与。

第三节 相反的趋势:基层自治组织的社会化

已有研究表明,在基层组织与农村社区组织的互动中,时常会出现基层组织渗透进农村自发的社区组织,并使社区组织行政化或成为基层组织的附庸。[①] 然而在 X 村,却发生

---

① 向家宇:《贫困治理中的农民组织化问题研究》,华中师范大学,博士论文,2014 年。

了相反的趋势。在社区组织的决策中，村民组长在理事会中的意见只有一票的权力，所以很难改变社区组织理事会的集体决策。反之，涉及村民小组的事务，村民小组不得不越来越多地参考社区组织理事会的意见。当然村民组长和村委依然可以通过其他方式对 X 村的事务进行干预，但是并不能通过操纵或同化社区组织的方式。而除去对抗性的一面，村委和组长越来越意识到社区组织在提供公共产品和发展集体经济上的组织优势，开始主动依靠社区组织发展 X 村。行政化较强的村委组织，在相当程度上是悬浮于农村社区的，虽然它具有一定的行政权力可以强制性地对农村社区做一定的动员和组织。但是这种动员和组织在很多情况下是消极意义的——村民很多情况下并不认同村委的决策和组织，只是在形式上加以应和。而村民小组虽然是一个在地缘上和血缘上具有关联纽带的真实社区，但是却几乎没有组织化的形态。村民小组的组长，更多情况下只是在传递基层政府和村委的决策和命令，而无法组织和动员就公共问题展开相应的集体行动。

而"公共事务服务核心组"的出现，则可以在一定程度上缓解基层自治组织缺乏动员能力与动员平台的不利局面。根据 T 协会在 X 村的社区自治组织的制度设置，村民组长是核心组的理事会成员，可以在理事会内进行公共事务提案。在这种机制下，村民组长就可以通过社区的核心组，调动社区成员对自己所提出的议题进行商讨。而一旦村民组长的提案被核心组的理事会通过，那么核心组所设置的执行部门就可以将提案付诸实践。而核心组在当地社区所具有的真实的社区参与和组织基础，能够使核心组的决策及其执行在一定

第四章 "公"与"共"的互渗与制衡：基层自治组织的革新 / 141

程度上得到社区成员的支持。顺延着这样的组织制度和组织逻辑，村民组长就可以借由社区自治组织，对社区成员进行有效的组织和动员。社区自治组织在组织和动员上的优势，使得村委和村民组长开始更加主动地与核心组互动，以实现对社区公共事务的治理和社区的集体发展。

> 以前没有这个"公共事务服务核心组"的时候，说句实话想在村里办点啥大点儿的事儿都是费劲。人家高看你一眼，你是个屯长。人家低看你一眼，你啥也不是。比如说之前就一直说想修个路，屯子里道路沙化严重，现在家家都开大车，更是轧得不像样。但是吧你有这个想法而没处说，最多跟周围关系近的人撺掇撺掇。而修路涉及钱，敏感问题，很难凑钱，凑了钱人家怕你贪了什么的。但是，自从WP大哥带着我们搞起来这个"公共事务服务核心组"之后，明显感觉很多事儿有地方大家可以敞开地唠了。而这个核心组你别看它小，它五脏俱全，出纳、会计、顾问啥都有，再加上WP大哥他们这些年的威望，大家伙儿就相信在这里面能做事儿了。我呢，自己这些年挣了点儿钱，也想带着屯里人一起做点儿对屯子好的事儿。现在我有啥想法，跟大伙儿商量商量，跟WP大哥唠唠，有点成形了，咱就可以在核心组里提出个议案，跟人大似的。大家一起议论议论，如果觉得好，可以干，咱核心组也有执行团队，很快就能行动起来。屯子里人也相信协会和核心组，基本上力所能及的事儿都愿意搭把手，我的一些想法啊，村委的一些好的想法啊，就有地方落实了。说一句实在

话，没有这个核心组在，我这个所谓什么村民组长啊还是屯儿长啊，就是一个光杆司令。①

由于 T 协会在村民小组和社区组织的相互渗透中起到的制衡作用，基层组织对社区组织的干预因素被有效地压制而没有改变社区组织的自治性质。相反地，社区组织则代表村民介入基层组织的决策过程中，扭转了行政性因素在基层组织中的垄断地位，使得原本脱离社区的基层组织获得了社区参与的基础，基层组织的性质由"公"转变为"公"与"共"的混合。由此，原本形式化和行政化的村民小组因社区的真实参与而开始摆脱单纯的政策执行，真正参与到社区事务的治理之中，X 村中的又一个公共性承载者就此被激活。但是，由于村民组长并不具备选举基础，基层政府和村委的行政命令能够绕开社区意见被贯彻执行，所以村民小组在本质上仍然是以"公"为主的基层自治组织末梢，其与社区组织之间仍然有分明的界限，二者并未合二为一。

第四节　T 协会调整农村社区
权力格局的机制分析

T 协会为了防止自身所培育的社区自治组织被行政化的基层自治组织所吸纳、同化，进而陷入行政化的困境，采取了第三方制衡的策略。而这种公益组织作为第三方制衡的策

---

① 资料来源：2016 年 8 月 4 日在 T 协会会议室对村民组长 YZJ 的访谈。

略，不仅在相当程度上抵制了基层自治组织对农村社区自治组织的过度渗透和干预，甚至产生了相反的趋势，即社区成员借由社区自治组织参与到基层自治组织的公共事务决策和服务之中，从而使基层自治组织出现了社会化的趋势。究其本质而言，这个社区组织反向渗透基层自治组织的过程，其背后是农村社区内部权力格局的调整，即社区的社会性力量借由组织化载体被赋予更多的权力，进而能够与具有行政化色彩的基层自治组织产生一种更为平等的权力关系，从而形成一种良性的互动关系。

一 从对立到互补：农村权力格局的重构前提

X村社区的社区自治组织与基层自治组织之所以能够形成一种更为平等的权力关系，其最根本性的原因在于二者之间在农村社区治理场域之中不仅仅有相互对立，甚至对抗的可能性，同时还在农村社区公共事务的治理上具有优势互补的可能性。如前所述，社区自治组织与基层自治组织的关系并非天然的对抗关系。因为作为基层自治组织的村委会及其下设的村民小组具有角色上的二重性。农村基层自治组织的组织合法性来源于两个部分：其一是自下而上的村民成员的认同，其二是自上而下的国家权力的赋予。[1] 因此，即便以X村社区为代表的许多农村社区存在基层自治组织被当地乡镇基层政府所俘获乃至行政化的情况，基层自治组织在法律意义和现实意义上仍然具有一定的社会性属性。因此，基层自

---

[1] 郑永君、张大维：《社会转型中的乡村治理：从权力的文化网络到权力的利益网络》，《学习与实践》2015年第2期。

治组织并非完全没有进行农村社区公共事务治理的动机与可能性。但是在"乡政村治"体制下，基层政府的主导性行政力量使农村基层自治组织缺乏介入农村内部公共事务治理的能力与资源。基层政府的行政任务下放到农村，使得农村基层自治组织成为基层政权实施治理的工具。村委会忙于应对各种下放任务和指派，以换取基层政权对村委会任职人员的资格认可和资源分享，尤其是村干部的工资采取财政发放，村干部对基层政权的"事本主义"更加不可遏制。而本应该由村委会处理和解决的村庄公共事务却被搁置，村干部无暇面对和关注村民的经济社会文化需求，无法提供村民所需的公共产品和服务，也没有充足的资源进行有效的治理。

而 X 村社区所从属的村民小组与村民组长，则相较于村两委更具有参与社区内部公共事务治理的意愿与动机。因为村民小组相对于行政村而言，往往是一个更具体的生产与生活的共同体。村民小组既是一个自然村，它是村民们"生于斯、长于斯、死于斯"的熟人社会，他们在这里世代繁衍生存，所有日常的社会互动、人情往来、合作互助、休闲娱乐等活动均在这一"场域"中实现着；同时村民小组亦是一个生产队，村庄土地和生产资料都以此生产单位为界有着较为清晰的范围，村民通过生产上的互助合作，构造了一套熟人社会的秩序机制，亦形成了独立的村民小组之"共同体"认同和归属。因此，生活于 X 村社区的村民组长也就相对于村两委具有更强的参与本社区公共事务治理的动机和意愿。

而作为"公共事务服务核心组"的社区自治组织恰恰就是一个以进行社区自我治理为目标的社区内生组织。因此，从进行公共治理以实现社区公共利益的意义上而言，社区自治组织与基层自治组织在一定程度上具有根本的一致性。而二者在公共治理上又因各自的特点而具有优势上的互补性。由于经验、资源等方面因素的缺乏和能力等方面的不足,基层自治组织往往面对农村社区内部的公共事务和问题显得束手无策和捉襟见肘。而社区自治组织所具有的社会参与性以及社会动员能力,使得公共事务的治理成为可能。基层自治组织如果能够与社区自治组织合作进行公共事务治理,那么就会得到更多的社区成员参与和支持,其治理过程将事半功倍。而基层自治组织的一些必要的行政性功能的展开,如果获得社区自治组织的辅助,也能够更高效地进行下去。另外,社区的自治组织缺乏法理意义上的合法性地位,所以在很多较为核心的公共事务上,社区自治组织需要借助基层自治组织的权威性展开工作。因而,这两种组织在面对公共事务治理上,具有相当的互补性。比如,X村的村委和村民组长具有行政权威上的优势,却缺少足以进行社区动员的组织载体。而"公共事务服务核心组",虽然可能具有更好的社区参与动员能力,却因为没有行政性权威而在一些情况下无法触及社区的核心公共事务治理。此外,"公共事务服务核心组"在法律合法性上也相对处于劣势。毕竟村民委员会制度才是农村自治的基本制度,是法律所赋予的代表村落居民进行自治的合法组织载体。而"公共事务服务核心组",虽然也被称为社区自治组织,并在一定程度上履行自治职能,却也并没有在真正意义上获得法律合法性的认可,而只具有一定意义的社会合法性。

总之,社区社会组织与基层自治组织在农村社区内部治理中从对立到互补的实践可能,以及二者在观念上对这一实践可能的认识转变，构成了农村权力格局重构的前提性条件。

二 平衡与中介：公益组织的实践逻辑

农村社区中基层自治组织与社区社会组织在社区公共治理上所具有的互补合作的可能性，并不意味着公益组织可以直接地在二者之间建立一种平等的权力关系。因为，大多数农村的基层自治组织在本质上仍然是行政化的治理主体，并且经常由于自身的行政权威与精英控制的特性而倾向于对新生的社区社会组织采取控制、同化的处理方式。此外，由于缺乏与社区社会组织互动的相关的认知与经验，农村基层自治组织也较难找到与社区社会组织展开的良性互动的实践方式。所以，公益组织要想按照"新公共性"的理论图景对农村社区的权力格局加以调整，就必须首先平衡基层自治组织与社区社会组织之间的实力对比，并在此基础上引导二者建立一种良性的互动关系。

T协会在促使社区自治组织与基层自治组织展开良性互动之前，所首先要考虑的问题时防止后者对前者的俘获与行政性控制。如前所述，这种行政化的风险根源于二者之间在实力上的不对等以及权力关系的非均衡性。因此，T协会所采取的制衡策略的第一个关键环节就是"平衡"。在农村社区组织自身发育尚不完全，以及农村基层自治组织具备行政性权威的背景之下，农村社区的"公"与"共"的权力关系是失衡的。但是，T协会作为一个参与当地农村社区社会治理的社会组织，由于具备当地村民参与的社会基础，因而可以看作X村社区"共"的领域的一个组织化的治理主体。因此，T协会作为一个外来的社会组织便可以通过与内生的社区社会组织结盟的关系,从而使农村社区的"共"领域组织实力与能力得到提升,进而与"公"领域的基层自治组织的权力相平衡。而T协会所具备的平衡二者关系的能力,根源于组织自身在资源、影响力、动员能力以及治理专业能力上的发展和提升。T协会的发展,导致农村社区内的基层自治组织与其产生了一定的信任、依赖关系。基于此,T协会可以促进"公""共"之平衡。

单纯地平衡农村社区内部的组织间的权力关系,并不会带来农村社区权力格局的调整与重构。因为农村社区内部的社会组织与基层组织很自发地形成良性的互动关系。因此,T协会的制衡策略的第二重内涵在于"引导"。一方面,T协会通过监督"公共事务服务核心组"自治制度与程序的落实,引导社区成员与村民组长按照自治和平等的原则进行参与和互动。另一方面,T协会则通过在观念认知上启发社区成员与基层自治组织在公共事务治理上优势互补的可能性,以及在实践中以制度化的形式推动社区成员以自治组织为平台和媒介参与到基层自治组织的公共决策与治理之中,从而引导社区自治组织与基层自治组织形成一种基于良性互动的更为平等的权力关系。

三 "公""共"互促:农村权力格局的转型路径

总而言之,如果要防止公益组织所培育的社区社会组织被基层自治组织所行政化,那么公益组织就必须尝试调整农村社区内部"公"与"共"的不平等的权力关系。这个调整过程所遵循的一般机制,就是"公"组织与"共"组织在势力上的平衡,以及二者之间的互补性的发掘与利用。当公益组织能够凭借自身第三方制衡的作用，使这两种机制得以顺利运转，那么农村社区内的权力关系就会在一定程度上调整。而在此基础上，由于社区社会组织的不断发育和功能的强化，一种相反的趋势就会产生，即基层自治组织由于越来越依赖社区社会组织进行公共事务的决策与公共治理的执行，而会逐渐增强其社会性与自治性，从而降低自身的行政化属性，更多地承担社区的公共责任，获取更多的社区成员真实的组织基础。

至此，X村中的又一个公共性承载者就此被激活。但是，由于村民组长并不具备选举基础，基层政府和村委的行政命令能够绕开社区意见被贯彻执行，所以村民小组在本质上仍然是以"公"为主的基层自治组织末梢，其与社区组织之间仍然有分明的界限，二者并未合二为一。

第五节 本章小结

T协会通过革新X村基层自治组织，激活X村社区正式的组织化治理主体，从而使其在X村社区的"新公共性"建构进一步展开。T协会所培育的社区自治组织遭遇被基层自治组织所同化和控制的行政化风险。这种风险根源于，社区内"公"领域的基层自治组织与"共"领域内的社区组织之间的不均衡的权力关系。T协会通过采取第三方制衡的策略，平衡了"公""共"之间的权力关系，在一定程度上化解了这种风险。而意外的组织后果是，由于T协会作为第三方的制衡与协调作用，以及社区自治组织自身动员能力和治理能力的增强,基层自治组织逐渐被社区自治组织的力量所渗入,从而原本行政化的基层组织内化了更多"共"的社会性,真正参与到社区事务的治理之中。在"新公共性"的视角下,这一组织化策略与逻辑的实质是"'公'与'共'的互渗与制衡"。而这一策略得以奏效的深层原因在于,农村的基层自治组织与农村的社区组织的关系兼有对抗与互补的二重性,而侧重于二者互补关系的建立,可以降低社区社会组织的行政化风险,并可能导致基层自治组织的社会化。

第五章 "公""共"共生合作：初步搭建协同共治的治理格局

至此，经过T协会在社区的组织化、社区自治组织的培育以及村民小组的革新，X村社区已经由几乎无治理主体的状态，演变为拥有三个组织化治理主体的治理格局。在公共性的视角下，X村社区已经在一定程度上构建起了"新公共性"的治理格局。T协会和社区自治组织是生发于民间的公共性承载者，而村民小组则在一定程度上代表行政权威在农村社区承载公共性的生产。这种官民共治的社会治理格局就是"新公共性"的最基本表现。但是"新公共性"在更深层次的意义上，不仅仅是存在多元的治理主体，更为重要的是各个治理主体之间能够共生互促，协同合作。[①]事实上，X村的三个治理主体在构建过程中已经通过良性的互动彼此促进。比如T协会对社区组织的扶持，社区组织对村民小组的革新。但是三者还没有通过合作的方式对社区公共事务展开系统性的治理，而这是"新公共性"的最为重要的表现形式。对T协会来说，

[①] 俞祖成：《日本"新公共性"指向的NPO政策体系分析》，《中国非营利评论》2011年第2期。

其培育社区治理主体的目的也正在于实现当地沙地治理的协同共治。因而，T协会规划协同治理沙地的方案，并尝试使X村小组与社区自治组织承担相应的角色参与其中。

第一节 以沙地治理为内容的协同共治

T协会的协同治理方案的基本思路是"沙地集中，协会恢复，社区协助，合作开发，规模经营"。T协会所治理的100公顷沙地已经基本恢复绿化，并产出经济效益，所以T协会的下一步是将农民手中的沙化严重的耕地以土地流转的方式集中起来，由T协会进行恢复，X村社区从旁协助，待恢复后共同进行农业项目的合作开发，并形成规模经营。目前这个方案正在落实"沙地集中，协会恢复，社区协助"的阶段，T协会成功地将村民小组和社区组织调动起来，形成合作治理关系。

> 我们这些年已经成功地把自己的示范区恢复起来了，那么下一步就是要把更多的沙地按照我们现在这种还算成功的模式进行恢复和治理。但是，这就涉及你怎么拿到更多土地的问题。现在我们周边这些地都在农民的手里，他们手里的地其实有相当一部分都是半沙化了，不适合耕种，而且越是耕种就越会造成土地沙化的加深。所以我们就要想办法把那些零散的、不适合耕种的土地集中到我们这里，由我们进行统一的集中恢复。

所以，我们扩大沙地治理的第一个环节就是集中沙地。进一步就是，由我们协会的工作人员和志愿者按照科学的方法进行养护。在此基础上，过几年这些集中的沙地就能变成一定规模的草原。这个过程中，我们协会治理的沙地就越来越多，光靠我们自己那就忙不过来了。所以这时候就需要当地的农村社区来协助我们。等到沙地变成了可以利用的土地和操场，我们就会跟农民在上面进行科学的经济开发。这样有效益产出了，农民就更会积极地把土地流转给我们。最后，我们希望能实现一种规模式的经营。现在的农民都是各家干各家的，没有合作、没有规模，那你就很难有规模效益，没法适应市场，没法把自己的东西卖好价钱，找到好销路。所以，我们的最终目的是达到一种经济和环境效益的双丰收。而整个过程，就需要协会和社区进行一种合作。[①]

首先，在沙地集中这一环节，T协会需要通过土地流转的方式从农民手里获得耕地的使用权。虽然T协会承诺给予农民租金，但是农民由于缺乏对土地流转政策的了解以及对收益预期的不确定，而导致其参与的积极性并不高。为此，T协会求助于村民组长，具有行政权威性的村民组长向村民讲授国家关于土地流转的最新政策，增进了T协会集中土地的合法性。村民逐渐了解政策，并增进了信任，一些村民开始将沙化的耕地流转给T协会。

---

① 资料来源：2016年9月10日在T协会会议室对T协会秘书长WXB的访谈。

第五章 "公""共"共生合作：初步搭建协同共治的治理格局

沙地集中这一块是我们工作的起点，是最重要的基础，但也非常有难度。因为，土地是农民的命根子，你把他的地拿过来，那你必须让他信服。这些年我们在村子里是有威信的，但是你要想把事儿做得更实，就得依靠当地人的一些信任。我们就跟村子的小组长去谈，因为他有一定文化，能够理解我们的计划和相关的政策。说服了他之后呢，我们再去动员农民的时候，如果有谁还有一些心存疑虑的，我们就让组长帮我们去说。农民还是更信任村子里内部的人，而且小组长他在农民心里是个"官"，觉得他说了那就有担保了。[①]

将沙地集中起来之后则进入"协会恢复"的阶段。但是，在治理范围拓展之后，T协会有限的工作人员、不定期到来的城市志愿者和尚未被完全调动起来的农民志愿者，就无法满足倍增的治理工作所需要的大量人力资源。因此，T协会必须更充分地调动当地农民的积极参与。对此，T协会选择求助于X村的社区自治组织——"公共事务服务核心组"。T协会希望X村社区的"公共事务服务核心组"能够把当地农民组织起来，协助T协会看管和治理后续新增的示范区。而为了促使社区组织与T协会合作，动员并组织农民参与后续新增示范区的治理工作，T协会拟将新治理区域的经济产出以确定的比例捐赠给村民小组，并划拨部分资金作为"公共事务服务核心组"的日常使用经费。目前，"公共事务服务核心组"已经开始组建志愿巡护队，对恢复中的沙地进行巡逻看管。

---

① 资料来源：2016年9月11日在T协会会议室对T协会会长WP的访谈。

> 现在我们已经通过沙地集中的办法，开辟了示范区 2 和示范区 3。示范区多起来之后的问题就是，我们的工作量成倍增长了。最典型就是，看护问题。原来我们的办公室和工作人员就是在示范区 1 之内的，所以我们自己加上一些农民志愿者就可以把恢复起来的草原看护得很好。但是，新开辟的示范区都和我们的总部有一定的距离，你就没法 24 小时看护。这个时候，我们自己的工作人员和农民志愿者就不够用了。所以，我们想到的办法就是让 X 村的农民自己组织起来去看护新的示范区。这些年我们在这儿做的事情，他们都明白，恢复起来的示范区对他们只有好处。但是，农民是分散的，你得一个一个地去谈，去组织。所以，我们就通过这个"核心组"去跟农民沟通。我们承诺给村里和"核心组"一定的资助和经费，这样新开辟的示范区，就不仅是我们的了，更是当地社区的了。"核心组"就在我们的指导下可以把农民组织起来，形成志愿巡护队。这样新的示范区，就有本地人去看管了。我们的工作量减少了很多，而看护的效果也大大提升。①

第二节　T协会建构新治理格局的策略

T 协会对农村社区的组织化建构的终极目的就是使不同

---

① 资料来源：2016 年 9 月 11 日在 T 协会会议室对 T 协会会长 WP 的访谈。

的组织主体之间能够相互协作地进行社区治理。但是新生的社区自治组织和原有的基层自治组织，都相对缺乏社区治理经验，更不用说相互合作和协同的治理模式。因此，要搭建这种新形态的治理格局，T协会必须发挥主导性的作用，以各种方式和策略将不同的社区治理主体带入社区治理之中。根据上文对T协会的沙地协同治理的构建，我们可以看到，T协会主要使用了三种策略：以专业性主导协同治理的方案规划、明确并发挥不同治理主体的治理优势以及治理预期与经济利益的双重驱动。

一 以专业性主导协同治理的方案规划

T协会首先规划了协同治理方案。其基本思路是"沙地集中，协会恢复，社区协助，合作开发，规模经营"。由于T协会在治理沙地上具有专业性，所以T协会能够为社区主体的协同参与提供一种专业性的治理方案。同时，T协会也是一个具备环境治理经验以及农村社区工作专业知识与相应经验的公益组织，所以其能够为新生治理主体之间的合作方式与方法提供方案上的规划。另外，社区的原生组织与新生组织都缺乏协同治理的经验与专业知识，而面对治理沙地这样专业性和长期性的工作上，他们也缺乏足够的知识与经验。所以，T协会必须以自身的专业性，首先主导并制订出一个协同治理的方案规划。这个方案规划在初步形成后，T协会向当地村民加以宣传，并听取他们的不同意见，进而在平衡各方利益和特定的基础上，对方案进行修订。这样协同治理的方案规划，既有T协会的主动作用，又有社区内的基层自治组织与社会组织的参与。在社区内的各种社会组织的发展初级阶段，T 协会主导和社区组织辅助参与的模式既具有现实性及可行性，又具有民主性和社会基础。

> 其实从最根本上来说，当地的沙地治理应该是当地农民和当地社区作为最重要的主体。因为，他们既是当地环境破坏的受害者，也是受益者。而在环境破坏的过程中，当地农民错误的耕作和放牧方式负有很大的责任，只有他们自己去改变自身以及生产生活方式，他们才能真正地改造沙地。但是，农民毕竟对沙地环境方面的知识是非常有限的，而且他们在现阶段也几乎没有组织合作治理的经验、能力。所以，我们的协会就必须在最初的阶段去主导。最基本的就是你得能制订出一套行之有效的合作治理的方案，并且能让农民信服。所以，一方面我们通过自己这些年积累的治理环境以及与农民合作的经验与知识，制订了初步的方案。另一方面，我们把形成的方案通过各种形式向农民们去说，听他们的想法和意见，让他们也参与到方案的制订之中。①

二　明确并发挥不同治理主体的治理优势

协同治理的主要目的之一，就在于不同的治理主体能够依据自身的特点与优势进行分工合作，从而互补式地进行社区公共事务的治理，以达到最优的治理绩效。因此，要使不同组织主体的协同治理，超越形式上的机械团结，必须在明确不同治理主体的优势的基础上，去发挥他们各自的优势，

---

① 资料来源：2016 年 9 月 12 日在 T 协会会议室对 T 协会秘书长 WXB 的访谈。

弥补各自的不足以达到治理效益的最优解。T协会根据对农村社区多年的了解，以及自身专业的治沙知识与丰富的治沙经验，准确地捕捉到不同社区治理主体的各自优势。T协会在构建协同共治的格局的过程中，首先，明确了基层自治组织因自身的国家行政属性所具有的权威性。其次，T协会也充分了解当地农民群体在治沙中的人力资源和组织资源优势。最后，T协会也能够明确自身所具备的专业性优势和以杠杆角色撬动城乡社区资源的能力。在明确当地社区不同治理主体各自所具备的资源、能力、关系的优势的基础上，T协会通过发挥他们各自的治理优势构建沙地的协同治理格局。第一，T协会在构建协同共治的过程中，发挥村民组长的权威性为"土地流转"进行合法性上的解释和背书。第二，T协会也试图发挥社区自治组织在调动社区居民参与公共事务的动员能力，以为环境治理提供足够的组织依托和人力资源，以及社会认可。第三，T协会注重发挥自身的专业性优势，为沙地治理提供组织和知识上的依托与关照。

　　虽然说我们协会是一个有很多年治沙经验的环保组织，但是我们也仍然有很多不足之处。比如，我们不是政府、不是村委会。所以相对来说，我们属于"无权"，再一个，作为一个民间组织，我们不是企业所以我们就是"无钱"。而且我们的很多志愿者都来自城市，他们不可能长期地驻扎在农村，所以我们也很缺人。但是，这些劣势，其实我们所在的农村社区能在一定程度上弥补。因为他们有他们的优势。比如，村委、村民组长他们有威信、有一些来自政府的那种权力，农民还是信服的。而当地农民，在本地他们就是最宝贵的组织资源和人力资源。我们要搞跟当地社区的合作治理，就是要发挥我们各自的优势，然后扬长避短。这样我们的合作才有可能，并且能产生效果。①

三 治理预期与经济利益的双重驱动

要使不同组织主体参与到协同治理的实践过程之中，不仅需要理论上的规划和优势上的分析，还必须真正调动社区各个主体的参与积极性。否则，社区的协同共治将没有真实的组织依托，最后仍然沦为 T 协会一个组织的独角戏，进入一种 T 协会"运"而社区"不动"的恶性循环状态。T 协会在调动社区各个组织主体的参与性上，选择了双重驱动的策略手段。这种双重驱动，一方面是社区环境治理的绩效预期，另一方面是与农民利益直接相关的经济利益。前者是社区治理的终极目的，只要沙地能够在协同治理的过程中得到有效的治理，那么其所带来的环境效益必然会惠及当地农村社区的各个成员。但是，这种治理绩效的预期，相对来说是较为长远和难以准确地计算和实际地落实的。为了使农村社区的其他治理主体，能够在长远而整体的环境治理绩效兑现之前，就参与到 T 协会主导的协同治理的格局之中。T 协会选择了以经济利益作为确切的承诺，以诱导农村社区成员进入治理过程中。一方面，在土地流转上，T 协会明确了被租借土地的农民所享有的定期的经济收益，并以合同契约的形式加以确定。另一方面，为了促使社区组织与 T 协会合作，

---

① 资料来源：2016 年 9 月 12 日在 T 协会会议室对 T 协会秘书长 WXB 的访谈。

动员并组织农民参与后续新增示范区的治理工作，T协会拟将新治理区域的经济产出以确定的比例捐赠给村民小组，并划拨部分资金作为社区组织的经费。

> 我们这些年通过治理示范区1，已经让农民感受到了沙地治理的成效对他们是有切实好处的。但是，你要调动他们跟着我们一起再搞新的示范区，并且跟我们合作去看管并且开发示范区，这种相对远一点儿的好处，那就还不够。因为，新的示范区要治理好并且产出环境效益和经济效益还需要时间，农民很多时候还是更看重眼前的东西。所以，我们就想办法给他们眼前的东西。我们的做法就是，延续示范区1的成功经验：把现有的经济利益分享一部分给农民，并且把未来可以预期的经济效益以契约的方式承诺给农村社区。我们按照契约按时付给流转给我们土地的农民租赁费用。我们也会把新的示范区的经济收益，部分地捐赠给当地社区，并提供给"核心组"一些运作经费。这样农民就既有眼前利益，又有未来环境治理成果的利益。我们调动他们与我们合作就变得更容易一些。①

第三节　从协会主导到社区主导的协同共治

在上述过程中，村民组长以其公权威协助T协会推进沙

---

① 资料来源：2016年9月13日在T协会会议室对T协会会长WP的访谈。

地集中，社区组织以其社区动员的能力协助 T 协会进行沙地治理，T 协会以其沙地治理的专业性主导沙地恢复。社区组织、社会组织和基层组织各自发挥其优势，互相助力，使沙地的进一步治理成为可能。这种共生合作的局面得以形成，T 协会发挥了重要作用：在社区自治组织和基层组织尚缺乏足够自治能力的情况下，T 协会主导了协同治理的方案规划，构建了蓝图。在村民尚缺乏自治意识的情况下，T 协会通过经济利益驱动的方式，诱导社区组织和基层组织参与治理。而 T 协会在社区的长期参与中所积累起来的信任与威信则构成了协同合作的重要基础。以治沙为核心的协同治理中，T 协会无疑发挥了主导性的作用。社区组织和基层组织在参与的过程中，会增进对彼此合作的益处的理解，积累合作共治的经验与信心，这对于各个治理主体间构建共生合作的治理格局具有基础性的意义。

虽然，这些年来这个村子内部发生了很多很好的变化，我们希望建立的社区组织也培育起来了，村委、村民组长也都更热心村里的事情了。但是，毕竟他们还是缺乏合作治理的经验和能力。所以，在这个阶段我们协会肯定是在发挥主导性的作用。但是，这不是我们的最终目的。我们坚信一个村子的事情，最后肯定要依靠这个村子自己的人和力量去解决。虽然我们在这里会坚持做下去，但是毕竟可能有离开的一天，那时候我们要把这些工作交给他们继续做下去。所以，我们是在这个治理的过程中，去培育他们、培养他们的治理的能力、意识、经验。几年之后，这里的环境治理可能就是由他们主导，我们去从旁协助了。①

在 X 村社区各个组织化治理主体参与协同共治的初级阶段，T 协会发挥主导性作用。但是，T 协会的最终目的是培育社区内生的自治能力。在这一阶段，T 协会的建构治理格局策略，一方面是为了促进协会自身的治理沙地新格局的目标达成，另一方面也在有意地向农村社区传递这种协同共治的理念与模式。随着治沙方案的实施与推进，X 村社区内部的自治力量有可能会逐渐习得公共事务治理的能力与经验，进而在后续的沙地治理中能够从依赖 T 协会的状态转向一种更为独立自主的治理状态。而在未来的农村社区治理格局中，X 村社区内部的自治力量有可能成为主导性的力量，而 T 协会或其他外来的公益组织则会扮演次要性的角色。总之，在以 T 协会为主导的治沙实践中，不同的治理主体开始协同合作，协同治理的架构被搭建起来，"公""共"合作共生意义上的"新公共性"被初步激活。

第四节 本章小结

经过 T 协会在社区的组织化、社区自治组织的培育以及村民小组的革新，X 村社区由几乎无治理主体的状态演变为拥有三个组织化治理主体的治理格局。在公共性的视角下，X 村社区已经在一定程度上构建起了"新公共性"的治理格

---

① 资料来源：2016 年 9 月 12 日在 T 协会会议室对 T 协会秘书长 WXB 的访谈。

局。在此基础上，T协会发挥主导性的作用，以X村社区的沙地治理为主要内容搭建协同合作的治理格局，初步实现X村的"新公共性"建构。T协会之所以能在X村社区将"公"领域的村民小组与"共"领域的"公共事务服务核心组"调动起来，并使其与自身形成共生合作的关系，是因为在之前T协会的三重组织化建构，在一定程度上实现了农村社区内的公共文化由"私"向"共"的转化，使农村社区内的社会资本由未经组织化的"自在"状态转化为组织化的"自为状态"，并使农村社区内作为"公"的基层自治组织与作为"共"的社区自治组织形成了一种相对平等的互补性的权力关系。公共文化、社会资本以及权力格局三个方面的重构与革新，使得农村社区内的协同共治的治理格局的构建相对顺利。在T协会适当的引导之下，X村社区内的治理格局由"公""共"分立，开始向"公""共"共生合作的新治理格局转型。这也就意味着农村社区的"新公共性"建构的初步实现。

第六章　结论与讨论

在农村社会培育多元的社会组织，使其与基层自治组织共生、互促、合作，从而重构农村社会的治理格局，被认为是解决农村社会治理问题的有效手段。学者借以新公共性理论为视角，将这种治理格局的形成称为农村社区的"新公共性"建构。近年来，越来越多的公益组织通过在农村培育社会组织和进行社区营造等方式参与到了农村社区"新公共性"建构的事业之中，并取得了一定成效。但是一些研究发现，公益组织所推进的"新公共性"建构往往会遭遇农村社区旧有的公共性结构的阻力，有时不仅不能带来有效的社会变革反而沦为了地方政治—社会结构的再生产空间。此外，近年来地方政府开始通过政策支持与模式创新等方式，推进农村社区的组织化与公共治理格局的重建。相比于政府部门，公益组织在参与农村社区的新公共性建构的实践中既缺乏行政权威，又常常没有足够的资金来源。所以，学界不免对公益组织建构农村公共性的可能性与可行性有所质疑。但是，在本书的研究中，我们却看到作为民间公益组织的T协会经过二十余年的实践探索，在一个农村社区成功培育了社区自治组织、革新了基层自治组织，并且与此二者共同初步搭建起了共生合作、协同共治的治理格局——初步实现了当地社区的"新公共性"治理格局建构。尽管作为一个纯粹的民间公益组织，T协会的实践成果尚仅限于一个村落社区，但其成效却是扎实而具有实质性意义的。一方面，社区自治组织并非流于形式地被行政权力强行组建，也不是被公益组织以资源诱导和价值输入的方式速成，而是在内化公共精神的基础上，具备真实社区参与的社区组织化。另一方面，社区的三个治理主体并非各自为政地机械地组合在一起，亦非冲突性地对抗或者试图彼此吞噬，而是能够相互协调、互动，彼此促进，针对社区事务进行有效的协同治理。

因此，本书作为个案研究，在"新公共性"理论的视角下对T协会在农村社区的组织化策略加以归纳总结，并探究发现其策略得以奏效的深层原因机制，就可以在一定程度上回应本书的核心问题：公益组织参与农村社区"新公共性"建构何以可能。在前文，我们已经从"新公共性"建构的不同侧面与阶段，对这一问题分别加以回应。在此，我们以一个整体性的视角，分别从农村社区公共性结构的性质，"新公共性"的建构逻辑以及公益组织的策略选择三个角度，逐层递进地对本书的核心问题加以总结性地回应。在此基础上，本书尝试结合公益组织在农村社区的公共性建构实践，对"'生产社会'仍否可能？"这一理论追问进行探讨。

第一节　农村社区公共性结构的二重性

公益组织在农村社区的"新公共性"建构并非在一块白

板之上展开的,农村社区既有的"旧"公共性结构是公益组织进行"新公共性"建构的基础性环境与前提性条件。在前述研究中,我们可以看到 T 协会在 X 村社区的"新公共性"建构实践,总是因与农村社区既有的公共性结构间的矛盾而遭遇困境和风险。但是,随着 T 协会对农村社区公共性结构的认识与把握的加深,T 协会开始抛弃一般性的公益组织工作方法,转而在开掘农村社区既有公共性结构的基础上,实现农村社区公共性结构的改造与转化。而这种策略之所以能够产生效力,其根本性的原因在于农村社区的公共性结构所具有的双重属性。农村社区的旧公共性结构与"新公共性"之间存在差异,但这并不意味着二者之间是绝对对立与矛盾的。与西方的公共性理论强调传统与现代、国家与社会、私人领域与公共领域的二元对立不同,"新公共性理论"认为东亚社会的旧公共性结构既是需要被改造的,同时也具有开掘出"新公共性"的潜力。本书通过研究认为,中国农村社区的公共性结构对于"新公共性"的建构同样具有阻碍与促进的双重可能性。

一 阻力抑或动力:基于"私"的乡土公共文化

在 T 协会的组织化过程中,首先遭遇的困境是农村社区传统的公共文化所内含的基于"私"的人际交往准则,对现代公益组织动员所依赖的普遍主义的公民道德的非认同与抵触。但是,这种以"私"为基础的公共生活文化准则,也有可以与"新公共性"提倡的现代公共道德与公民精神相互调和的面向,并且在一定条件下能够向后者转化。首先,作为"私"德的乡土公共文化能够作为将社区成员引入新公共生活的工具性手段。T协会在遭遇组织化困境后，逐渐摸索出了一套组织化的策略，即在遵从乡土逻辑的基础上，利用社区的人情互惠原则和经济理性将农民带入具有公共性的组织之中，进而在组织中向农民传递现代的公共组织原则，从而吸纳到农民的志愿参与，完成协会在农村社区的组织化。虽然，在这个过程中，农民的参与首先不是基于新的公共生活准则，但是只有通过将农民带入新的公共生活实践之中，其思维和文化的转型才成为可能。而基于"私"的乡土公共文化仍然能在此发挥其作用。其次，在转型社会中，传统的乡土公共文化也处在萎缩的"异化"之中。其一，传统的农村公共性文化尚存但呈现萎缩。传统的农村公共性文化是以传统的农村共同体为根基，呈现三个层次：蕴含在家族共同体中的，以血缘为纽带的维护家族共同利益的公共性文化；形成于邻里共同体中的，以人情互惠与互助为核心的公共性文化；弥散在村落共同体中的，以地缘为纽带的维系村落团结与村落利益的公共性文化。尽管传统公共性文化具有差序格局下的特殊主义取向[1]，但是却能基本覆盖村落的公共性需求。然而，随着近年来农村人口流动与流失的加剧，农村共同体赖以维系的长期稳定的互动纽带发生断裂，农民的互动关系逐步从村落向邻里、家族乃至家庭塌缩，[2] 进而传统的公共性文化也出现了明显的向内萎缩的趋势。其二，个体化的功利主义替代乡土伦理逐渐成为农村公共性文化的不稳定根基。一方面，以人民公社的解体和家庭联产承包责任制的

---

[1] 费孝通：《乡土中国》，上海人民出版社2007年版，第23页。
[2] 田毅鹏：《村落过疏化与乡土公共性的重建》，《社会科学战线》2014年第6期。

落实为主要驱动,农村社会的集体主义逐渐消沉而日益呈现个体化的趋势。另一方面,在市场化浪潮的冲击下,功利主义的思潮也日渐渗透到农民的思维方式之中。[1] 在此基础上,农民对于农村公共事业的观念不再单纯以传统的乡土伦理为基础,而更多地从个体利益考量出发。而这种缺乏公共性的个体功利主义显然无法构成农村公共性文化的稳固根基。由此可见,农村社区的传统公共文化在其本来面目上,基于乡土的血缘和地缘关系,仍然具有一定的公共性属性。最后,二者在"相互性"的意义上具有一定的一致性。乡土社会中的人际互惠与人情交换,在人类学的视野下是一种礼物性质的"相互性"关系,其以熟人社会的可以感知相互关系的原则为基础。而公益理念中志愿精神、利他主义,则是在陌生人社会中无法准确感知互动双方的具体指向的一种新的"相互性"关系。这种施恩与受惠之间的稳定关系的打破,是造成乡土公共文化难以认同和接纳"新公共性文化"的关键所在。但是,抛开施受关系的外在形式,其内涵的相互关系仍然具有一定的相似性。所以二者在"相互性"上所具有的一致性,为双方的共存以及转换提供了可能。

二 缺失抑或潜在:作为"共"的社区社会资本

一个社区之内的社会资本是托克维尔所说的"民情"[2]的内在含义。任何外来组织,包括公益组织或市场组织、国

---

[1] 吴理财、刘磊:《改革开放以来乡村社会公共性的流变与建构》,《甘肃社会科学》2018年第2期。
[2] [法]托克维尔:《论美国的民主》上卷,董果良译,商务印书馆2013年版,第176页。

家组织，在进入农村社区、与农村社区互动甚或改造农村社区都必须以农村社区的"民情"为基础。任何制度逻辑的变革都必须在一定程度上依赖于生活世界的基础性动力。农村改革以来，随着国家在乡土情景中的"退场"，以及家庭联产承包责任制的落实，农村呈现村落共同体解体、传统权威衰落、社会原子化与公共治理碎片化等趋势。这些迹象和事实，似乎都在向我们展示农村社区公共性结构中的社区社会资本存量的下降。帕特南认为，社区内的社会资本，是指能够使社区内部成员组织起来以进行集体行动和公共治理的关键要素，包括但不限于社会成员间的信任、普遍的互惠规范、人际互动网络。所以，在社区内社会资本基础性支持不足的情况下，公益组织或政府介入农村社区所进行的组织化建设都很可能遭遇外形化和空壳化的危机，甚至解体瓦解。但是，即使农村社会普遍呈现公共性的衰落，农村社会也仍然保有一定的公共性结构，比如上文所提到的农村社区的传统公共文化的存续。因此，农村社区社会资本存量的降低同样并不意味着农村社区社会资本的完全消解，很多情况下这些社会资本只是处于潜在而未被激活的状态之下。比如，在一些农村中，大量青年男性劳动力进城打工，但是妇女和老人仍然具有承担公共事务的能力与意愿。又如，在一些农村社区中，社区成员仍然因地缘和血缘的纽带关系而对所属的村落共同体有较强的归属感，但是由于缺乏合适的表达与参与渠道而呈现集体沉默的状态。而这些潜在的要素都是可以支撑社区社会组织生成和运行的重要社会资本基础。除去上文提到的乡土公共文化，以地缘关系为纽带，以人情互惠伦理为法则的松散不稳定的非正式组织网络，如农忙时默契的互助关系，邻里之间日常的互助网络；以血缘关系为纽带，以传统礼俗为法则的家族、宗族组织；二者都是农村社区内可能内含的组织网络上的社会资本。传统的村落共同体和家族，也仍然能在一定程度上，为组织化提供信任与归属感上的资源。公益组织在培育社区志愿服务组织时，如果可以将已有的邻里之间的互助圈子联结起来，再进行志愿精神的教育和组织制度的建设，则可能事半功倍。反之，如果只是形式化地搭建起志愿组织的结构，再进行理念、制度的输入，则可能在项目结束之后只留下志愿组织的空壳。因此，农村社区的社会资本并非完全处于缺失状态，只是很多情况下，由于缺少适当的空间和舞台，以及自觉性的不足难以完全地呈现出来。这种社区社会资本的潜在性，为社区内的社会组织的建构提供了潜在的可能性。

三 对抗抑或互补：代表"公"的基层自治组织

在农村社区进行"新公共性"建构，不仅意味着使社区内的成员组织起来，同时也需要新生的社会组织与原有的村基层自治组织在社区治理之中形成一种平等、共生、合作的关系。但是，当下中国的许多农村就如本书所涉及的 X 村一样，其基层自治组织处于一种行政化的状态。这种行政化的状态，有可能会导致村基层自治组织出于维护自身权威等需要，与新生的社区社会组织形成一种对立乃至对抗的关系。在"乡政村治"体制下，基层政府的行政任务下放到农村，农村基层自治组织成为基层政权实施治理的工具，乡镇政府的"委托"实现其"代理"角色，村委会忙于应对各种下放任务和指派，以换取基层政权对村委会任职人员的资格认可和资源分享，尤其是村干部的工资采取财政发放，村干部对基层政权的"事本主义"更加不可遏制。而本应该由村委会处理和解决的村庄公共事务却被搁置，村干部无暇面对和关注村民的经济社会文化需求，无法提供村民所需的公共产品和服务，也没有充足的资源进行有效的治理；村委会与乡镇政府愈来愈亲密，与村民的关系愈来愈疏远，造成村委会的有名无实、名实分离的状况，从而出现村委会的角色错位，造成农村基层治理的主体缺位状态，村委会成为"悬浮式"的基层群众自治组织。这种"悬浮式"的状况究其本质，是村委靠近公权力而远离村落共同体的结果，是一种去社会化而转向行政化的趋势。社区社会组织并不具备基层政府所赋予的行政性权力。而社区社会组织所具有的集体行动和社会动员的潜力，又有可能构成对地方政府维稳逻辑的威胁，所以基层政府也会在可能的情况下借由村委组织的手对社区社会组织加以限制。而村委组织也有可能因为感到新生社区社会组织在公共治理上对自身公共治理能力与合法性的威胁，而选择主动控制的组织策略。在这些情况的叠加之下，新生的社区社会组织很有可能在与基层自治组织的对峙之中，处于弱势的状态之中。

但是，另一方面农村的基层自治组织与新生的社区社会组织在农村的公共治理之中同样存在互补乃至合作的可能性。行政化的基层自治组织的悬浮性，导致它在社会动员时的能力不足。行政化较强的村委组织，在相当程度上是悬浮于农村社区的，虽然它具有一定的行政权力可以强制性地对农村社区做一定的动员和组织。但是这种动员和组织在很多情况下是消极意义的——村民很多情况下并不认同村委的决策和组织，只是在形式上加以应和。以 X 村为例，其村民小组虽然是一个在地缘上和血缘上具有关联纽带的真实社区，但是却几乎没有组织化的形态。村民小组的组长，更多情况下只是在传递基层政府和村委的决策和命令，而无法组织和动员就公共问题展开相应的集体行动。而新生的社区社会组织由于具备更强的社会性，和真实的社区成员的参与基础，则可能具有更好的社会动员能力。如果二者在一些公共治理问题上加以合作，则可以在一定程度上缓解基层自治组织缺乏动员能力与动员平台的不利局面。此外，尽管农村基层自治组织相当程度上是基层政府在农村社区的代理人，但是毕竟其组织合法性始终来源于两个部分：其一是自下而上的村民成员的认同，其二是自上而下的国家权力的赋予。[①] 因此，即便以 X 村社区为代表的许多农村社区存在基层自治组织被当地乡镇基层政府所俘获乃至行政化的情况，基层自治组织在法律意义和现实意义上仍然具有一定的社会性属性。因此，基层自治组织并非完全没有进行农村社区公共事务治理的动机与可能性。如果新生的社区社会组织能够协助村基层自治组织较好地开展公共治理，那么村基层自治组织有可能重新审视二者之间的关系，而克制自身控制、同化后者的倾向。所以，基层自治组织与社区社会组织之间的关系并非一定是对抗或者彼此控制和吞噬的。二者在特性上的不同，决定了二者可以在功能上互补，进而呈现合作性的关系。

[①] 郑永君、张大维：《社会转型中的乡村治理：从权力的文化网络到权力的利益网络》，《学习与实践》2015 年第 2 期。

第二节 农村"新公共性"的建构逻辑：私、共、公的转化与互动

新公共性是日本学界提出的一种契合日本乃至东亚社会的公共性图景。其新意在于对东亚历史上的国家主导的公共性形态以及西方近代以来的基于个人主义的市民社会形态的公共性的超越，并形成一种国家与社会协同承载公共性的新格局。具体在社会治理层面而言，它意味着国家政府和以社会组织为主要形式的市民社会共同对公共事务进行治理。而将这一图景投射在农村社区就意味着，在农村社区搭建起农民通过社会组织等形式与基层自治组织对农村公共事务进行协同治理的格局。因此农村社区的"新公共性"建构就主要包括三个方面。其一，在农村社区以培育社区社会组织的形式实现农民的组织化。其二，促使基层自治组织从行政化到社会化的转型。其三，搭建农村社区内社会组织与基层自治组织之间的共生合作的治理格局。

新公共性理论不仅预设了一种新的治理格局蓝图，也提出了在东亚社会实现此种蓝图的理论机制与实践路径。新公共性理论在对日本乃至东亚社会的国家领域、社会领域、私人领域的历史、文化、社会等方面的考察与研究的基础上，提出东亚社会的"新公共性"可以从三者的互动和转化中开发出来。山胁直司等学者主张通过挖掘东亚的思想文化资源，超越西方社会传统的"国家—社会"二元模式论，在批判公私一元论、克服公私二元论的基础上，提出相关性

三元论，即在相互关联中把握"政府的公（制度世界）—民的公共（公共世界）—私人领域（生活世界）"这三个层面，通过公私对话、公私协动、公私开新这三个层面的互动，倡导全面贯彻"活私开公"理念，以此构建出"新公共性"。①

通过对T协会在农村社区的"新公共性"建构实践及其策略的描述与分析，我们可以发现T协会之所以能够在缺乏资源和权力的条件下，实现对X村社区治理格局之重构，恰恰是因为T协会以中介的角色促进了农村社区内部的私、共、公的转化与良性互动。T协会凭借其对乡土社会的洞悉和现代NGO的理念与专业视角，在长期的社区治理参与中，以其智慧和策略在农村社区既有的公共性结构基础上，活化了社区中存在的私、共、公，促使其良性互动和转化、制衡乃至合作，从而激活了农村社区的"新公共性"。因此，农村社区的"新公共性"建构的内在逻辑，就是社区内私、共、公领域的转化与良性互动。

首先，公益组织推进的农村社区的"新公共性"建构的第一重逻辑是从"私"到"共"的转化。在最表层的意义上，从"私"到"共"的转化意指农村社区的成员走出私人领域进入公共生活领域，进而以组织化的形式参与到农村社区的公共治理之中。而其背后的深层内涵，则意味着使农村社区公共文化伦理从基于"私"的经济理性与互惠原则向基于"共"的现代公民精神与公共道德过渡。"新公共性"理论认为，东亚社会的儒家文化及传统道德与社会网络，以及

---

① ［日］山胁直司：《公共哲学とは》，東京：筑摩新書2000年版，第36页。

现代个体的私人权利的诉求被认为可以作为个体志愿参与社会的资源与动力。而此前我们对农村社区公共文化的二重性的论述，也在一定程度上证明这种从"私"到"共"的转化的可能性。其次，农村社区的"新公共性"建构的第二重逻辑是从自在的"共"到自为的"共"的转化。在上一层次的转化的过程中，通过农民的志愿参与以及公共伦理文化的转型，农村社区内部的社会资本存量得到提升并逐渐显现出来。因此，从自在的"共"到自为的"共"的转化的内涵在于使尚未组织化的社会资本要素，按照构建社会组织的需要重新排列组合，进而完成农村社区的组织化。再次，农村社区的"新公共性"建构的第三重逻辑是"公"向"共"的转化。此种转化，具体指农村社区的基层自治组织从行政化向社会化的过渡与转型。经过上一层次的转化，农村社区出现了农民自发的社区社会组织。因而，村民有可能通过进入社区社会组织对社区内部的公共事务展开治理，并与基层自治组织产生互动关系。在这个互动的过程中，村民的意愿与诉求有可能渗透到基层自治组织之中，进而使后者产生社会化的倾向与趋势。最后，农村社区的"新公共性"建构的第四重逻辑是"公"与"共"的共生合作。在上述三个过程的基础上，农村社区在"共"的领域出现了具有治理能力的社区社会组织，而在"公"的领域农村的基层自治组织也出现了社会化的趋势，因而具有了更强的参与社区内部事务治理的意愿。在此基础上，"公""共"的共生合作意味着社会组织与基层自治组织之间的良性互动与协同治理格局的生成。

综上可见，公益组织参与农村社区"新公共性"构建的内在逻辑是，自下而上地推动农村社区内部从私到公的转化与良性互动。作为社会部门，公益组织一般更倾向也更适宜采取这样一条自下而上的建构路径。但是，这并不意味着农村社区的"新公共性"构建一定要遵循这样顺序下的演化逻辑。因为，"新公共性"理论也指出，在东亚社会国家的公权力对于公共性的承载乃至公共性的培育仍然具有不可低估的价值。国家权力可以通过自上而下的方式开放公共空间，与社会、私人就公共问题与公共事务展开讨论和合作，进而培育市民社会，并形成"公""共"协动的"新公共性"社会治理格局。总之，不论从何种方向或角度出发，农村社区的"新公共性"建构的基本规律与机制就在于社区内的私、共、公领域的元素与内涵的相互转化和互动。

第三节　公益组织与农村社区的张力与化解策略

农村社区既存的公共性结构的二重性，使农村社区内的私、共、公间的良性转化与互动成为可能。而此三者在农村社区内部的良性转化与互动则构成了，农村社区"新公共性"建构得以可能的内在机制与逻辑蕴涵。因此，如果公益组织能够按照"新公共性"建构的理论逻辑，结合农村社区的实际情况而采取相应的策略，则有可能推动农村社区的"新公共性"建构。但是，公益组织认知到建构农村社区"新公共性"的内在逻辑，并不意味着其所采取的相应策略就必然能在农村社区生效。因为，农村社区有其内在的社会结构与运行逻辑，并不是一个任凭公益组织施展手脚的空间和舞台。能否化解公益组织与农村社区之间存在的张力,是公益组织的建构策略能否施行的先在性条件。

结合本书的案例可以推论,一般情况下公益组织可能与农村社区存在三个层面的张力。其一,公益组织的价值性与农村社区既存的公共性文化间存在张力。公益组织的价值性是指相对于其他社会部门,"其组织或机构的动力和运行主要是建立在价值承诺(value-based commitment)之上"[①]。因此公益组织往往对价值性目标具有更高的诉求,对自身的行为方式也往往带有价值性的导向。但农村社区的公共性文化往往具有与公益组织不同的乡土性。如果公益组织坚持按照自身的价值理念与农村社区进行互动,并试图改造农村社区,那么很可能会无法与农村社区建立有效的互动关系,甚至被农村社区所排斥。其二,公益组织的外来性与农村社区的内生社会关系网络存在张力。公益组织的"外来性"是指公益组织尽管坚持在一线开展公益实践,但作为由于并非完全内生于农村社区,始终是来自农村社区之外的基本特征。这种"外来性"可能会造成两个方面的后果:第一是公益组织可能缺乏对农村社区的社会结构和运行逻辑的充分和深刻的认知和把握;第二是公益组织无法在短时间内融入农村社区的关系网络。其三,公益组织的弱权力性与农村社区内的权力结构间的张力。公益组织的弱权力性,是指相对于政府组织和市场组织,其既缺乏以行政力量为基础的正式权力,又缺乏以资本为依托的非正式权力。一般而言,农村社区的

[①] 崔月琴、袁泉:《转型期社会组织的价值诉求与迷思》,《南开学报》2013 年第 3 期。

权力结构以行政性权力与精英性权力为主导。如果公益组织无法找到有效的手段弥补自身的相对于农村社区既存权力格局的弱权力性，一方面会很难按照组织意志与目标来调动和改造农村社区，另一方面可能会被农村社区既存的权力主体所孤立、排斥甚至控制。

但是二者之间的张力并非不可消解的。因为，公益组织的专业性特质决定了公益组织有可能对自身特性与农村公共性结构间的张力进行反思与再认识，并进而以其专业的理念和工作方式化解此种张力，从而在一定程度上破解公共性建构的困境。而本书的案例也佐证了这种可能性。

首先，在开展工作之前，公益组织应当对农村社区自有的公共性结构进行深入了解，并辩证地加以审视。要想化解公益组织与农村自有的公共性结构之间的张力，公益组织必须先对后者有深刻的认知。这种认知一方面应当是一般性的，亦即公益组织要对中国乡土社会的结构与逻辑有总体性的把握。另一方面应当是特殊性的，亦即公益组织要对开展工作的农村的社会结构进行深入的调研与了解。在此基础上，公益组织要对所在农村的公共性结构加以辩证审视。前文的分析已经指出，在现代公共性的视角下，农村自有的公共性结构，不论是在文化、组织还是治理层面都同时具有合理性与不合理性的双重面向。因而，对于农村的公共性建构，农村自有的公共性结构也就兼有阻碍性与资源性的双重属性。公益组织应当通过对所在农村社区的公共性结构的辩证审视，判断出其中所蕴含的双重性，从而明确构建公共性过程中可能的阻力与助力。

其次，在洞悉农村公共性结构的基础上，公益组织应当设置恰当的公共性建构目标。公益组织对农村公共性建构的目标设定，不能仅从公共性的规范性概念和理想图景出发，也要结合农村公共性结构的实际状况。农村公共性的建构既是一个创造的过程，同时也是对农村自有公共性结构的改造的过程，所以这个过程必然是渐进而长期的。公益组织不能为了一蹴而就而设置过于激进和理想化的目标，而应当根据所在农村的实际状况和特点，设置既有革新意义又可以被农村社区所接纳的建构目标。这样的目标设置，一方面能够减少农村社区对公共性建构的抵触，另一方面也有助于使农村既有的公共性结构转化为公益组织开展公共性建构的助力。

再次，在洞悉农村公共性结构的基础上，公益组织应当采取策略性的公共性建构手段。农村自有的公共性结构对公益组织的行动而言，兼具阻碍性和资源性的双重属性。因此，这里所说的"策略性"，主要是指公益组织在公共性建构的过程中，不应总是把农村自有的公共性结构作为阻碍性的对立面，而应当善于发掘其资源性的一面，从而因势利导，使其为我所用。而每个农村社区的社会状况都有各自的特性，所以公益组织需要将专业化的工作方法与在农村工作中积累的实践智慧相结合，才能逐步摸索出适合自身所在农村社区的策略性的公共性建构手段。

最后，公益组织可以通过寻求与其他社会部门合作的方式克服自身的局限性。公益组织能够通过自身努力在一定程度上化解自身特性与农村公共性结构之间的张力，但始终有其局限。而政府、企业等其他社会部门因各自特性，往往可以从不同侧面对公益组织的局限性进行补充。[①] 比如，政府所具备的行政权力可以弥补公益组织的弱权力性。当然，公益组织也具有相对于其他部门的优势。所以，公益组织可以通过与其他社会部门合作的方式克服自身的局限性，从而化解自身特性与农村自有公共性结构之间的张力，进而破解在建构农村公共性过程中可能遭遇的困境。额外需要指出的是，在推进农村公共性重建的过程中，政府部门应当注重发挥公益组织的作用，并通过引导和支持等方式与公益组织建立良性的协同关系。因为集体化时期的经验表明，虽然国家权力对农村公共性的建构具有重要作用，但是过度的直接干预反而可能造成农村公共性的变异。而借助公益组织的力量，可能是使国家在农村公共性重建的过程中，既最大化发挥自身作用又避免国家权力对农村社会过度干预的一条有效途径。

第四节 "生产社会"仍否可能：包容性的公共性建构

近年来，随着国家制度的变革、政策空间的释放以及社会力量的发育，社会组织越来越多地参与到社会治理之中，并发挥着越来越重要的作用。但是，值得注意的现象是，社会组织更多的是作为公共服务的提供者参与到社会治理之

[①] 崔月琴、龚小碟：《支持性评估与社会组织治理转型——基于第三方评估机构的实践分析》，《国家行政学院学报》2017年第4期。

中。尤其是，近几年随着国家在购买社会服务方面的力度不断加大，项目体制已经逐渐制度化为社会组织汲取国家资源并参与到社会治理的重要途径。越来越多的社会组织从边缘化的草根发展转型为积极嵌入国家项目体制以获取政府支持以及资源的发展模式。但是，作为代价的是社会组织在这样的制度安排与关系格局中，更多是在发挥一种提供公共服务产品的工具性功能。而其政策倡导、价值表达等超越工具性的面向与功能却存在弱化的风险与趋势。[①] 究其本质，这表征着社会组织自身公共性之衰减。

在一个更高的标准尺度里，社会组织的功能不仅是为社会提供产品与服务，而应当承担变革社会之职责。沈原将社会组织的这一应然性诉求与功能，概括为"生产社会"。在中国的背景下"生产社会"的内涵是指，"在经历了再分配经济和与之匹配的集权体制的长期支配，自组织的社会生活机制不说被彻底消灭，至少也是在受到极大压抑之后，重建或生产社会生活的各种制度和规范——我们必须先有一个社会，然后才能够保卫它"[②]。在此种意义上，社会组织不仅是公民社会的重要组成，同时还肩负着按照现代公民社会的原则，生产社会生活的新制度与规范，从而对社会加以变革。

但是，越来越多的现象和研究表明，社会组织可能并不如学者们预期的能够承担起"生产社会"的职责与功能。比如，社会组织越来越侧重于其公共服务的功能，而自我消解

---

① 黄晓春：《中国社会组织成长条件的再思考——一个总体性理论视角》，《社会学研究》2017 年第 1 期。
② 沈原：《社会的生产》，《社会》2007 年第 2 期。

第六章 结论与讨论 / 181

其倡导功能;越来越侧重于实用主义的组织产出,而自我消解其价值观念上的独特性;越来越习惯遵从于既有的社会政治结构和逻辑来采取行动,而自我消解了改变社会政治结构与逻辑的内在目标。甚至,即使社会组织仍然坚持自身的公共性内涵与价值属性,选择"生产社会"的发展路径——按照现代社会组织所持有的公民社会的理念来对社会加以改造——很多社会组织的"生产社会"的实践与尝试仍然难免是种碰壁与落空。有学者研究表明,一些农村社区内部的所已有的低度的社会整合与传统地方观念及知识,很难为社会组织变革社区提供基本的基础性土壤。[①] 也有学者更为犀利和批判性地指出,地方社会所固有的政治、社会、文化结构,可能远远强势于社会组织的价值理念与实践选择,其结果可能是,不但社会组织无法在地方之中进行社会的生产,而其为了适应地方社会,最终自身反而会沦为地方社会的政治、文化、社会结构与逻辑的自我再生产的空间。[②] 这些研究发现,为社会组织的未来发展路径笼罩上了一层理论预期上的阴影,让社会组织的研究者不禁追问社会组织"生产社会"的命题仍否可能。

本书对 T 协会在农村社区的"新公共性"建构的研究,或可为这一追问提供一些启示。T 协会在农村社区的组织化实践与"新公共性"治理格局建构的尝试,其本质就是按照现代公民社会的理念在对农村社区的社会结构与运行逻辑的

[①] 程士强:《制度移植何以失败?——以陆村小额信贷组织移植"格莱珉"模式为例》,《社会学研究》2018 年第 4 期。
[②] 孙飞宇、储卉娟、张闫龙:《生产"社会",还是社会的自我生产?以一个 NGO 的扶贫困境为例》,《社会》2016 年第 1 期。

改造。所以，这应当是一种社会组织"生产社会"的努力。但是，如果从严格的意义上看，T协会在农村社区的公共性建构，并不是按照现代公民社会的理想预设而直接展开的。因为T协会一方面利用了农村社区旧有的公共性要素，如文化资本、社会资本与政治资本；另一方面T协会所建构的新的组织形式和公共文化都仍然在相当程度上保留了旧有的公共性结构的要素。比如，公益组织新构建的公共文化是传统的人情互惠原则与新的公民道德与精神的混合，社区自治组织的建构中融入了行政性的成分，基层自治组织的革新并非完全的质变而只是在其中融入了更多"社会性"的要素。但是，T协会对农村社区的公共性改造确实取得了一定成效。这个建构过程并不是完全依照理念蓝图的一笔一画展开的，而是在不断地吸纳和转化农村社区旧有的公共性要素中展开的。反之，当T协会在初期的公共性建构尝试中，试图按照公益组织的理念预设展开行动的时候，其公共性建构的尝试往往因与农村社区的既有结构相抵触而以失败告终。所以，我们或可以把T协会这种公共性建构的策略选择与实践路径，归纳为一种"包容性的公共性建构"。在这个建构过程中，一方面社会组织要明确自身的价值理念与目标选择；另一方面又要根据社区的实际情况对目标和手段做出更为切合实际的调整。因此，这种包容性的公共性建构，可能无法直接达成"新公共性"建构在农村社区的完全展开，但是却能使农村社区从"旧公共性"状态向"新公共性"格局过渡和转换。如果从一个较为理想化和激进的视角看，这种"生产社会"的尝试因为与地方社会的结构的某些妥协与融合而可能是失败的。但是，如果从一个长期性的视角看，这种包容性的策略选择或可以渐进地对社会加以改造。而这可能是中国社会组织"生产社会"所仍然得以可能的理论解释与实践逻辑。

参考文献

一 中文著作

白钢、赵寿星:《选举与治理:中国村民自治研究》,中国社会科学出版社2001年版。

白锡能、骆沙舟:《基层社会管理与基层政权建设》,厦门大学出版社1996年版。

辞海编辑委员会:《辞海》6版,上海辞书出版社2009年版。

邓正来、[英]J. C. 亚历山大:《国家与市民社会——一种社会理论的研究路径》,中央编译出版社2002年版。

段玉裁:《说文解字》,上海古籍出版社2000年版。

费孝通:《乡土中国》,上海人民出版社2007年版。

风笑天:《社会学研究方法》,中国人民大学出版社2009年版。

胡群英:《社会共同体公共性建构》,知识产权出版社2013年版。

李培林等:《当代中国调查报告之三:当代中国城市化及其影响》,社会科学文献出版社2013年版。

廖申白:《交往生活的公共性转变》,北京师范大学出版社2007年版。

秦菊波：《马克思主义视域下阿伦特公共性思想研究》，人民出版社2004年版。

邱梦华：《农民合作与农村基层社会组织发展研究》，上海交通大学出版社2014年版。

渠敬东：《涂尔干：社会与国家》，商务印书馆2014年版。

石发勇：《准公民社区——国家、关系网络与城市基层治理》，社会科学文献出版社2013年版。

仝志辉等：《农村民间组织与中国农村发展：来自个案的经验》，社会科学文献出版社2005年版。

王振耀：《中国村民自治前沿》，社会科学文献出版社2000年版。

谢芳：《美国社区》，中国社会出版社2004年版。

徐勇：《中国农村村民自治》，华中师范大学出版社1997年版。

杨凤春：《当代中国政治制度》，中国人民大学出版社2014年版。

杨述明：《中国乡村社会治理》，湖北人民出版社2016年版。

于建嵘：《岳村政治——转型期中国乡村政治结构的变迁》，商务印书馆2001年版。

俞可平：《治理与善治》，社会科学文献出版社2000年版。

俞可平：《中国公民社会的兴起与治理的变迁》，社会科学文献出版社2002年版。

张康之、张乾友:《共同体的进化》,中国社会科学出版社2012年版。

张澧生:《社会组织治理研究》,北京理工大学出版社2015年版。

张良:《乡村社会的个体化与公共性建构》,中国社会科学出版社2017年版。

赵晓峰:《社会治理的中国经验:世纪之交的乡村中国观察》,陕西人民出版社2016年版。

郑杭生:《社会学概论新修》,中国人民大学出版社2003年版。

周雪光:《组织社会学十讲》,社会科学文献出版社2003年版。

朱健刚:《国与家之间:上海邻里的市民团体与社区运动的民族志》,社会科学文献出版社2010年版。

朱蔚怡、侯新渠:《谈谈社区营造》,社会科学文献出版社2015年版。

二 中文译著

[美]汉娜·阿伦特:《人的条件》,竺乾威译,上海人民出版社1999年版。

[英]齐格蒙特·鲍曼:《共同体》,欧阳景根译,江苏人民出版社2003年版。

[德]哈贝马斯:《公共领域的结构转型》,曹卫东、王晓珏、刘北城等译,学林出版社1999年版。

[德]哈贝马斯:《在事实与规范之间》,童世骏译,生活·读书·新知三联书店2014年版。

［美］约翰·罗尔斯:《政治自由主义》,万俊人译,译林出版社2002年版。

［美］约翰·罗尔斯:《作为公平的正义》,姚大志译,上海三联书店2003年版。

［美］罗伯特·帕特南:《独自打保龄——美国社区的衰落与复兴》,刘波等译,北京大学出版社2011年版。

［美］罗伯特·帕特南:《使民主运转起来》,王列、赖海榕译,江西人民出版社2001年版。

［德］斐迪南·滕尼斯:《共同体与社会：纯粹社会学的基本概念》,林荣远译,北京大学出版社2010年版。

［法］埃米尔·涂尔干:《社会分工论》,渠东译,生活·读书·新知三联书店2013年版。

［法］爱弥尔·涂尔干:《职业伦理与公民道德》,渠东、付德根译,上海人民出版社2006年版。

［法］爱弥尔·涂尔干:《宗教生活的基本形式》,渠东、汲喆译,上海人民出版社2006年版。

［法］托克维尔:《论美国的民主》上卷,董果良译,商务印书馆2013年版。

［日］佐佐木毅、［韩］金泰昌:《国家·人·公共性》,金熙德、唐永亮译,人民出版社2009年版。

［日］佐佐木毅、［韩］金泰昌:《欧美的公与私》,林美茂、徐滔译,人民出版社2009年版。

［日］佐佐木毅、［韩］金泰昌:《中间团体开创的公共性》,王伟译,人民出版社2009年版。

三 中文论文

陈柏峰:《熟人社会:村庄秩序机制的理想型探究》,《社会》2011年第1期。

陈锋:《分利秩序与基层治理内卷化:资源输入背景下的乡村治理逻辑》,《社会》2015年第3期。

陈文胜:《城镇化进程中的乡村变局与评判》,《武汉大学学报》2017年第1期。

程士强:《制度移植何以失败?——以陆村小额信贷组织移植"格莱珉"模式为例》,《社会学研究》2018年第4期。

丛晓峰、许淑华、龚晓洁:《村落精英对农村社区发展的消极影响——以S省J市林村为例》,《东岳论丛》2013年第7期。

崔丽丽、王骊静、王井泉:《社会创新因素促进"淘宝村"电子商务发展的实证分析——以浙江丽水为例》,《中国农村经济》2014年第12期。

崔月琴、龚小碟:《支持性评估与社会组织治理转型——基于第三方评估机构的实践分析》,《国家行政学院学报》2017年第4期。

崔月琴、李远:《草根NGO如何推进农村社区的新公共性建构——基于吉林通榆T协会的实践探索》,《社会科学战线》2017年第3期。

崔月琴、袁泉:《转型期社会组织的价值诉求与迷思》,《南开学报》2013年第3期。

崔月琴、张扬:《"村改居"进程中农村社区"公共性"的重建及其意义》,《福建论坛》2017年第4期。

邓燕华、阮横俯：《农村银色力量何以可能？——以浙江老年协会为例》，《社会学研究》2008年第6期。

杜鹏：《"面子"：熟人社会秩序再生产机制探究》，《社会科学文摘》2017年第7期。

范柏乃、邵青、徐巍：《后税费时代村级组织功能异化及其治理研究》，《浙江大学学报》2013年第3期。

桂勇、黄荣贵：《城市社区：共同体还是"互不相关的邻里"》，《华中师范大学学报》2006年第6期。

郭占锋、付少平：《西部地区城镇化进程中新型农村社区建设现状、困境与出路——以陕西省Z镇幸福社区为例》，《南京农业大学学报》2014年第4期。

何建华：《马克思与罗尔斯的公平正义观：比较及启示》，《伦理学研究》2011年第5期。

贺雪峰、仝志辉：《论村庄社会关联——兼论村庄秩序的社会基础》，《中国社会科学》2002年第3期。

贺雪峰：《论乡村治理内卷化——以河南省K镇调查为例》，《开放时代》2011年第2期。

湖北省社会科学院联合课题组：《"村改居"类型社区建设的实践与思考》，《学习月刊》2014年第4期。

黄成亮：《社区公共性何以可能？——中国的论辩与拓展》，《中共福建省委党校学报》2016年第3期。

黄显中：《政府公共性理论的谱系》，《湘潭大学学报》2004年第3期。

黄晓春：《中国社会组织成长条件的再思考——一个总体性理论视角》，《社会学研究》2017年第1期。

今田高俊、朱伟珏：《拓展新的公共性空间》，《社会科学》2007年第12期。

金太军：《中国城镇化推进中的公共性不足及其培育》，《社会科学战线》2015年第1期。

寇东亮：《公共理性及其道德意义：康德与罗尔斯的诠释》，《伦理学研究》2012年第5期。

郎晓波：《"链合"视角下的新型城镇化道路与农村社区转型——基于浙江J村的考察》，《农业经济问题》2014年第5期。

冷波：《形式化民主：富人治村的民主性质再认识——以浙东A村为例》，《华中农业大学学报》2018年第1期。

李军：《乡村精英：农村社会资本内生性增长点》，《调研世界》2007年第3期。

李明伍：《公共性的一般类型及其若干传统模型》，《社会学研究》1997年第4期。

李荣荣：《作为礼物的现代公益——由某公益组织的乡土实践引起的思考》，《社会学研究》2015年第4期。

李山：《农村公共人：乡村治理的社会基础》，《求实》2015年第6期。

李世敏：《经典"公共性"理论辨析——兼谈中西差异》，《理论与现代化》2015年第1期。

李蔚：《何谓公共性，社区公共性何以可能？》，《河南师范大学学报》2015年第4期。

李友梅、肖瑛、黄晓春：《当代中国社会建设的公共性困境及其超越》，《中国社会科学》2012年第4期。

李兆捷：《我国农村社会资本研究评述》，《安徽农业科学》2011年第16期。

刘宜君：《新时代社会组织参与农村社区营造的困境与出路》，《河北北方学院学报》2019年第1期。

龙海平、吴理财：《打造自治、参与、合作的共同体——美丽乡村视阈下的公共性问题》，《国家治理》2016年第1期。

龙花楼、邹健：《我国快速城镇化进程中的乡村转型发展》，《苏州大学学报》2011年第4期。

芦恒、芮东根：《"抗逆力"与"公共性"：乡村振兴的双重动力与衰退地域重建》，《中国农业大学学报》2019年第1期。

芦恒、郑超月：《"流动的公共性"视角下老年流动群体的类型与精准治理——以城市"老漂族"为中心》，《江海学刊》2016年第2期。

罗家德、孙瑜、谢朝霞：《自组织运作过程中的能人现象》，《中国社会科学》2013年第10期。

吕方：《新公共性：食品安全作为一个社会学议题》，《东北大学学报》2010年第2期。

吕方：《再造乡土团结：农村社会组织发展与"新公共性"》，《南开学报》2013年第3期。

马红梅、陈柳钦：《农村社会资本理论及其分析框架》，《河北经贸大学学报》2012年第2期。

马佳林：《乡村社会个体化背景下乡村治理的困境及解决路径》，《福建农林大学学报》2018年第5期。

毛丹：《村落共同体的当代命运——四个观察维度》，《社会学研究》2010年第1期。

牛喜霞、谢树芳：《新农村建设：重建农村社会资本的路径选择》,《江西社会科学》2006 年第 11 期。

牛耀红:《网络公共空间与乡土公共性重建》,南京师范大学博士论文,2018 年。

逢索、程毅:《乡村公共空间:农村社会工作者介入农村社区服务的意外后果——以 SH 市 JS 区大学生村官为例》,《学习与实践》2015 年第 10 期。

彭庆军:《乡村治理现代化视域下民族地区少数民族传统社会组织的功能——以黔东南 L 村侗族"寨老"组织为例》,《西南民族大学学报》2015 年第 6 期。

钱凌燕:《非农化背景下乡土公共性的再生产研究》,浙江师范大学硕士论文,2016 年。

乔运鸿:《乡村治理中的村庄精英角色分析》,《中国行政管理》2012 年第 10 期。

冉利军:《从家庭主义培育社区公共性的可能性探讨》,《商》2014 年第 25 期。

任怀玉:《农村社区公共空间研究——基于 NGO 参与农村社区建设的个案研究》,《中国行政管理》2011 年第 10 期。

邵培仁、展宁:《公共领域之中国神话:一项基于哈贝马斯公共领域文本考察的分析》,《浙江大学学报》2013 年第 5 期。

申建林、徐芳:《治理理论在中国的变异与回归》,《社会科学文摘》2016 年第 4 期。

申鲁菁、陈荣卓:《现代乡村共同体与公共伦理文化诉求》,《甘肃社会科学》2018 年第 2 期。

沈湘平:《普遍利益与公共利益批判》,《东岳论丛》2009 年第 3 期。

沈原:《社会的生产》,《社会》2007年第2期。

宋清国、李甜芬:《论农村精英在农村社会资本培育中的作用》,《甘肃农业》2007年第8期。

孙飞宇、储卉娟、张闫龙:《生产"社会",还是社会的自我生产?以一个NGO的扶贫困境为例》,《社会》2016年第1期。

孙璐:《我国城市社区情感建设的可能性及路径——基于社群主义视角的分析》,《城市问题》2013年第2期。

孙瑜:《乡村自组织运作过程中能人现象研究》,清华大学博士论文,2014年。

孙远东:《社区重建抑或国家重建:快速城镇化进程中农民集中居住区的公共治理》,《苏州大学学报》2011年第5期。

唐萍:《城镇化背景下新型农村社区建设的目标诉求与路径探析》,《云南行政学院学报》2013年第6期。

唐文玉:《社会组织公共性:价值、内涵与生长》,《复旦学报》2015年第3期。

陶传进:《草根志愿组织与村民自治困境的破解:从村庄社会的双层结构中看问题》,《社会学研究》2007年第5期。

田鹏、陈绍军:《"无主体半熟人社会":新型城镇化进程中农民集中居住行为研究——以江苏省镇江市平昌新城为例》,《人口与经济》2016年第4期。

田鹏:《从种地到经营地:新型城镇化进程中农地经营模式变迁研究——基于江苏省镇江市平昌新城的个案分析》,《华中农业大学学报》2017年第2期。

田毅鹏、韩丹:《城市化与"村落终结"》,《吉林大学社会科学学报》2011年第2期。

田毅鹏、刘博:《单位制变迁与社会治理》,《山东社会科学》2016年第6期。

田毅鹏、齐苗苗:《城乡结合部"社会样态"的再探讨》,《山东社会科学》2014年第6期。

田毅鹏:《"村落终结"与农民的再组织化》,《人文杂志》2012年第1期。

田毅鹏:《"发展升级"的内涵及其实现路径——发展社会学的研究视角》,《江海学刊》2018年第1期。

田毅鹏:《"活私开公":东亚志愿主义发展的新路径》,《南开学报》2013年第3期。

田毅鹏:《村落过疏化与乡土公共性的重建》,《社会科学战线》2014年第6期。

田毅鹏:《东亚"新公共性"的构建及其限制——以中日两国为中心》,《吉林大学社会科学学报》2005年第6期。

田毅鹏:《老年群体与都市公共性构建》,《福建论坛》2011年第10期。

田毅鹏:《转型期中国社会原子化动向及其对社会工作的挑战》,《社会科学》2009年第7期。

仝志辉、贺雪峰:《村庄权力结构的三层分析——兼论选举后村级权力的合法性》,《中国社会科学》2002年第1期。

仝志辉:《农民选举参与中的精英动员》,《社会学研究》2002年第1期。

汪志强、袁方成:《参与式发展:草根组织生长与农村社区综合发展的路径选择——蒙城县岳东村实验观察》,《学习与实践》2006年第11期。

王格芳:《我国快速城市化中的"城市病"及其防治》,《中共中央党校学报》2012 年第 5 期。

王涛:《危险的本能——托克维尔论民主社会中的个人主义问题》,《云南大学学报》2012 年第 3 期。

王雯娜:《中国农村社会资本内涵、作用及培育途径》,《内蒙古农业大学学报》2011 年第 4 期。

王晓升:《"公共领域"概念辨析》,《吉林大学社会科学学报》2011 年第 4 期。

王晓征:《城乡一体化进程中新型农村社区发展探析》,《理论月刊》2013 年第 11 期。

王寅丽、陈君华:《浮上水面的潜流——汉娜·阿伦特论公共领域的衰落》,《华东师范大学学报》1998 年第 6 期。

文军、王谦:《转型社会学研究的兴起及其在中国的研究实践》,《江海学刊》2018 年第 1 期。

吴春梅、林星:《村庄治理中的集体主义精神培育》,《学习与实践》2014 年第 11 期。

吴理财、刘磊:《改革开放以来乡村社会公共性的流变与建构》,《甘肃社会科学》2018 年第 2 期。

吴业苗:《农村社会公共性流失与变异——兼论农村社区服务在建构公共性上的作用》,《中国农村观察》2014 年第 3 期。

吴业苗:《乡村治理的城镇面向与图景——基于"人的城镇化"发展逻辑》,《社会科学战线》2017 年第 3 期。

吴莹:《空间变革下的治理策略——"村改居"社区基层治理转型研究》,《社会学研究》2017 年第 6 期。

武中哲、韩清怀:《农村社会的公共性变迁与治理模式建构》,《华中农业大学学报》2016年第1期。

席景奇:《地方政府在农村集体土地流转中的角色分析》,《兰州大学学报》2013年第5期。

向家宇:《贫困治理中的农民组织化问题研究》,华中师范大学博士论文,2014年。

肖林:《"'社区'研究"与"社区研究"——近年来我国城市社区研究述评》,《社会学研究》2011年第4期。

徐晓全:《新型社会组织参与乡村治理的机制与实践》,《中国特色社会主义研究》2014年第4期。

徐选国:《从专业性、本土性迈向社区公共性:理解社会工作本质的新线索》,《社会科学战线》2016年第8期。

徐宗阳:《资本下乡的社会基础——基于华北地区一个公司型农场的经验研究》,《社会学研究》2016年第5期。

杨贵华:《城市化进程中的"村改居"社区居委会建设》,《社会科学》2012年第11期。

杨敏:《作为国家治理单元的社区——对城市社区建设运动过程中居民社区参与和社区认知的个案研究》,《社会学研究》2007年第4期。

杨嵘均:《论正式制度与非正式制度在乡村治理中的互动关系》,《江海学刊》2014年第1期。

杨善华、苏红:《从"代理型政权经营者"到"谋利型政权经营者"——向市场经济转型背景下的乡镇政权》,《社会学研究》2002年第1期。

杨帅、温铁军:《农民组织化的困境与破解——后农业税时代的乡村治理与农村发展》,《人民论坛》2011年第29期。

杨玉珍:《"幸福村落"建设中乡村公共性再生产的内在

逻辑》,《华中农业大学学报》2014年第1期。

尹广文:《乡村振兴战略背景下的乡村社会治理图景——基于高柏镇的实地调查与思考》,《福建论坛》2018年第12期。

应小丽、钱凌燕:《非农化背景下乡土公共性的再生产与乡村治理变革》,《浙江师范大学学报》2015年第6期。

俞祖成:《日本"新公共性"指向的NPO政策体系分析》,《中国非营利评论》2011年第2期。

袁祖社:《"公共性"的价值信念及其文化理想》,《中国人民大学学报》2007年第1期。

张诚、刘祖云:《乡村公共空间的公共性困境及其重塑》,《华中农业大学学报》2019年第2期。

张江华:《卡里斯玛、公共性与中国社会有关"差序格局"的再思考》,《社会》2010年第5期。

张良:《村庄公共性生长与国家权力介入》,《中国农业大学学报》(社会科学版)2014年第1期。

张良:《乡村公共空间的衰败与重建——兼论乡村社会整合》,《学习与实践》2013年第10期。

张露露、任中平:《乡贤理事会对我国农村治理能力现代化的推进——以广东省云浮市为例》,《南阳师范学院学报》2015年第8期。

赵泉民:《合作社组织嵌入与乡村社会治理结构转型》,《社会科学》2015年第3期。

赵向标:《透视深圳"村改居"物业管理模式》,《中国物业管理》2013年第7期。

郑南、[日]丹边宣彦:《日本社会建设新思维:地域社会的新公共性建设——以丰田市团体活动为例》,《东北亚论坛》2013 年第 5 期。

郑永君、张大维:《社会转型中的乡村治理:从权力的文化网络到权力的利益网络》,《学习与实践》2015 年第 2 期。

周飞舟:《从汲取型政权到"悬浮型"政权——税费改革对国家与农民关系之影响》,《社会学研究》2006 年第 3 期。

周庆智:《官民共治:关于乡村治理秩序的一个概括》,《甘肃社会科学》2018 年第 2 期。

周铁涛:《村规民约的当代形态及其乡村治理功能》,《湖南农业大学学报》2017 年第 1 期。

四 英文图书

Becker, *The Economic Approach to Human Behavior*. University of Chicago Press, 1976.

Bell, *Ritual Theory, Ritual Practice*. Oxford University Press, 1992.

Cooley, *Social Organizations*. New York: Scribner's, 1909.

Denison, *Corporate Culture and Organizational Effectiveness*. John Wiley&Sons Press, 1990.

Diamond, *Collapse: How Societies Choose to Fail or Survive*. London: Allan Lane Press, 2005.

Ehrenberg John, *Civil Society, the Critical History of an Idea*. New York University Press, 1999.

Giddens, *Profiles and Critiques in Social Theory*. London: Macmillan Press, 1982.

Gidron Benjamin, Kramer Ralph, Salamon, *Government and the Third Sector*. San Francisco: Jossey-Bass Publishers, 1992.

Goodin, *The Theory of Institutional Design*. Cambridge: Cambridge University Press, 1996.

Hasmath, eds. *NGO Governance and Management in China*. New York and Oxford UK: Routledge Press, 2015.

Jessop, *The Future of Capitalist State*. Cambridge: Polity Press, 2002.

John Kearie, *Democracy and Civil Society*, Verso, London. Columbia University Press, 1988.

Jonassen, *Community Typology in Marvin B. Sassman, Community Structure and Analysis*. New York: Thomas Y Crowenll Company Press, 1959.

Jorma, *Social Care Services: The Key to the Scandinavian Welfare Model*. England: Avebury, Press, 1997.

King, Stivers C, *Government Is Us: Public Administration in an Anti-Government Era*. California: Sage Publications Inc Press, 1998.

Neil Gilbert, *Transformation of Welfare State: The Silent Surrender of Public Responsibility*. Oxford University Press, 2002.

Rogers, Shoemaker F F, *Communication of Innovations: A Cross-Cultural Approach*. The Free Press, 866 Third Avenue, New York, N. 10022, 1971.

Rosenau, Czempiel, *Governance without Government: Order and Change in World Politics*. Cambridge University Press,

1992.

Salamon L M, Sokolowski S W, List R, *Associates*, *Global Civil Society*: *Dimensions of the Nonprofit Sector*. Baltimore, The Johns Hopkins Center for Society Studies, 1999.

Scott, *Weapons of the Weak*: *Everyday Forms of Peasant Resistance*. Yale University Press, 2008.

Scott Richard, *Institutional Organizations*. Thousands Oaks California: Sage Publication, 2001.

Silverman David, *The Theory of Organizations*: *A Sociological Framework*. New York: Basie Books Press, 1997.

五 英文论文

Anderson, Tusman, "Organizational Environments and Industry Exit: The Effects of Uncertainty, Munificence and Complexity," *Industrial and Corporate Change* 10 (2001).

Andrews, "Good Government Means Different Things in Different Countries," *Governance* 23 (2010).

Baldridge, Burnham, "Organizational Innovation: Individual, Organizational, and Environmental Impacts," *Administrative Science Quarterly* 32 (1975).

Baum, Oliver, "Institutional Linkages and Organizational Mortality," *Administrative Science Quarterly* 16 (1991).

Biiatia, "Social Rights, Civil Rights, and Health Reform in Canada," *Governance*: *An International Journal of Policy, Administration, and Institutions* 23 (2010).

Bogason, "Public Administration and Postmodern Condition:

Some American Pointers to Research After the Year 2000," *Administrative Theory and Praxis* 21 (1999).

Boonstra J. J., Vink M. J., "Technological and Organizational Innovation: A Dilemma of Fundamental Change and Participation," *European Journal of Work and Organizational Psychology* 5 (1996).

Campion, Medsker G. J., Higgs A. C., "Relations Between Work Group Characteristics and Effectiveness: Implications for Designing Effective Work Groups," *Personnel Psychology* 46 (1993).

Chan, "Revolutionor Corporatism? Workers and Trade Unions in Post-Mao China," *The Australian Journal of Chinese Affairs* 29 (1993).

Clemens, "The Constitution of Citizens: Political Theories of Nonprofit Organizations," *The Nonprofit Sector: A Research Handbook* 3 (2006).

Cohen, Dean, "Information Asymmetry and Investor Valuation of IPOs: Top Management Team Legitimacy as a Capital Market Signal," *Strategic Management Journal* 26 (2005).

Cordner, "Honor, Community, and Ethical Inwardness," *Philosophy* 72 (1997).

Cowan, "Accommodating Community Care," *Journal of Law and Society* 22 (1995).

Damanpour, "Organizational Innovation: A Meta-Analysis of Effects of Determinants and Moderators," *Academy of Management Journal* 34 (1991).

DeFillippis, Fisher, Shragge, "Neither Romance Nor Regulation: Re-evaluating Community," *International Journal of Urban and Regional Research* 30 (2006).

Diamond, "Rethinking Civil Society," *Journal of Democracy*, 5 (1994).

DiMaggio, Anheier, "The Sociology of Nonprofit Organizations and Sectors," *Annual review of sociology* 16 (1990).

Ding, "Institutional Amphibiousness and the Transition from Communism: The Case of China," *British Journal of Political Science* 24 (1994).

Ding, Yijiang, "Corporatism and Civil Society in China: An Overview of the Debate in Recent Years," *China Information* 4 (1998).

Donnison, "The Academic Contribution to Social Reform," *Social Policy& Administration* 34 (2000).

Drucker, "Entrepreneurship and Innovation: Practice and Principles," *NY Harper Business* 12 (1985).

Edwards, Sen, "NGOs, Social Change and the Transformation of Human Relationships: A 21st-Century Civic Agenda," *Third World Quarterly* 21 (2000).

Karouni, "Institutional Change as Cultural Change: An Illustration by Chinese Post-Socialist Transformation," *International Journal of Social Economics* 36 (2009).

Foley, McCarthy J. D., Chaves M., "Social Capital, Religious Institutions and Poor Communities," In S. Saegert J. P. Thompson, and M. R. Warren (eds.), *Social Capital and Poor Communities*

(2001).

Frolic, "State-Led Civil Society," *Civil society in China*, 7 (1997).

Garcia Morales, "Antecedents and Consequences of Organizational Innovation and Organizational Learning in Entrepreneurship," *Industrial Management & Data Systems* 106 (2006).

George Boyne, Kenneth Meier, "Environmental Turbulence, Organizational Stability and Public Service Performance," *Administration and Society* 40 (2009).

Gersick, Hackman J. R., "Habitual Routines in Task-Performing Groups," *Organizational Behavior and Human Decision Processes* 47 (1990).

Goldsmith, "Is Governance Reform a Catalyst for Development," *Governance: An International Journal of Policy, Administration, and Institutions* 20 (2007).

Grindle, "Good Enough Governance: Poverty Reduction and Reform in Developing Countries," *Governance* 17 (2004).

Guo Chao, "When Government Becomes the Principal Philanthropist: The Effects of Public Patterns of Nonprofit Governance," *Public Administration Review* 67 (2007).

Guo H., Tang J., Su Z., "To Be Different, or to Be the Same? The Interactive Effect of Organizational Regulatory Legitimacy andEntrepreneurial Orientation on New Venture Performance," *Asia Pacific Journal of Management* 31 (2014).

Hedin, "The Power of Community Service," *Proceedings of the Academy of Political Science* 37 (1989).

Herman, "Doing Things Right: Effectiveness in Local Nonprofit Organizations, a Panel Study," *Public Administration Review* 6 (2004).

Jack, "A Community's Public Talk," *Political Science and Politics* 26 (1993).

Jackson, "Community Control, Community Mobilization, and Community Political Structure in 57 U. S. Cities," *The Sociological Quarterly* 19 (1978).

Kahn, "Community in Contemporary Constitutional Theory," *The Yale Law Journal* 99 (1989).

Kandori, "Social Norms and Community Enforcement," *The Review of Economic Studies* 59 (1992).

Kelman S. , "Downsizing Competition and Organizational Change in Government: Is Necessity the Mother of Invention?" *Journal of Policy Analysis and Management* 25 (2006).

Kennedy, "The Price of Democracy: Vote Buying and Village Elections in China," *Asian Politics & Policy* 2 (2010).

Ma, "The Governance of NGOs in China since 1978: How Much Autonomy?" *Nonprofit and Voluntary Sector Quarterly* 31 (2002).

Macintosh N. B. , Daft R. L. , "Management Control Systems and Departmental Inter-Dependencies: an Empirical Study," *Accounting, Organizations and Society* 12 (1987).

Miles, Snow C. , "The Structural and Environmental Correlates of Business Strategy," *Strategic Management Journal* 8 (1978).

Mohr, "Determinants of Innovation in Organizations," *American political science review* 63 (1969).

Oi, "The Role of the Local State in China's Transitional Economy," *The China Quarterly* 144 (1995).

Oliver, "Sustainable Competitive Advantage: Combining Institutional and Resource-Based Views," *Strategic Management Journal* 18 (1997).

Rhodes, "The New Governance: without Governmental," *Political Studies* 44 (1996).

Robert Russell, Craig Russell, "An Examination of the Effects of Organizational Norms, Organizational Structure, and Environmental Uncertainty on Entrepreneurial Strategy," *Journal of Management* 18 (1992).

Salamon, "Rethinking Public Management: Third-Party Government and the Changing Forms of Government Action," *Public Policy* 29 (1981).

Shieh, Deng, "An Emerging Civil Society: The Impact of the 2008 Sichuan Earthquake on Crass-Roots Associations in China," *The China Journal* 65 (2011).

Singh, Tucker, House, "Organizational Legitimacy and the Liability of Newness," *Administrative Science Quarterly* (1986).

Sivadas, Dwyer, "An Examination of Organizational Factors Influencing New Product Success in Internal and Alliance-Based Processes," *Journal of marketing* 64 (2000).

Spires, "Contingent Symbiosis and Civil Society in Authoritarian State: Understanding the Survival of China's Grassroots

NGOs,"*American Journal of Sociology* 117（2011）.

六　日文图书

［日］山胁直司:《公共哲学とは》,東京：筑摩新書 2000 年版。

［日］斎藤纯一:《公共性》,東京：岩波書店 2010 年版。

七　日文论文

［日］黑田由彦:《公共性の転換と地域社会》,《地域社会学会年報》2003 年第 15 期。

附录1 访谈提纲（T协会工作人员）

1. 请问协会是什么时候成立的？原因是什么？有哪些发展的阶段？

2. 请问协会的主要业务是什么？各项业务的优势是什么？困难是什么？

3. 请问协会的主要资金来源是什么？如何构成？资金是如何使用的？

4. 请问协会的组织架构是什么形式？日常工作程序是什么？内部的管理制度有哪些？

5. 请问协会的工作人员有多少？核心成员有多少？您的工作方法是什么？

6. 请问协会的长期目标和短期目标是什么？准备通过什么方式实现这些目标？

7. 请问您认为协会的成功经验是什么？优势有哪些？困难和不足有哪些？准备如何克服困难和不足？

8. 请问协会与党委、政府的关系如何？与媒体的关系如何？与同类组织的关系如何？

9. 请问协会最初是如何吸引村民进入协会的？有哪些困难？是如何克服的？

10. 请问刚开始有多少村民加入了协会？是怎么样管理

他们的？

11. 请问您是怎么样调动协会中村民的积极性的？他们的志愿意识是如何形成的？

12. 请问你们为什么要帮助村民建立自治组织？是怎么样建立自治组织的？

13. 请问自治组织与协会有哪些联系？自治组织进行了何种行动？取得了何种成效？

14. 请问自治组织和协会有分歧或矛盾吗？是如何处理的？

15. 请问村里的权力精英（村民组长、积极分子）与自治组织的关系怎么样？这种关系产生了何种影响？自治组织的理事会成员有哪些？是如何选举的？

16. 请问协会是如何与自治组织互动的？如何推动自治组织成员团结起来？如何推动自治组织实现自治？

17. 请问村委与自治组织的关系如何？二者是如何互动的？

18. 请问协会、村民小组、自治组织最终形成了一个什么样的治理体系？三方的关系如何？这种治理体系较之前有什么优势？

19. 请问通过治理体系的建立，沙地治理取得了何种成效？您认为应当怎么样维持这种成效？其中值得借鉴的地方有哪些？

附录2　访谈提纲（X村村民）

1. 请问您是协会成员吗？什么时候加入协会的？

2. 请问环保协会刚刚进入X村，您是怎么看待协会的呢？与现在发生了什么样的变化？

3. 请问您为什么加入协会？您在协会中的职务是什么？加入协会后做了些什么？

4. 请问在协会中有让您印象深刻的事情吗？可以具体谈谈吗？

5. 您与协会中的其他人关系怎么样？与协会负责人关系怎么样？您是如何看待协会负责人的？

6. 请问您加入协会后您的生活发生了变化吗？具体变化是什么？

7. 您认为协会的特色是什么？协会有哪些发展优势和困境？

8. 请问您在协会中做的最有成就的事情是什么？为什么？

9. 请问您是自治组织成员吗？什么时候加入自治组织的？

10. 请问您为什么加入自治组织？您在自治组织的职务是什么？主要负责什么？

11. 请问您加入自治组织参与了哪些行动？有什么让您记忆犹新的事情吗？

12. 请问您认为自治组织和协会的关系是什么？您认为自治组织的运作方式合理吗？为什么？

13. 您认为村民小组长在自治组织中发挥了什么作用？需要改进吗？您认为应该怎么样去改进？

14. 请您评价下自治组织的整体状况，哪方面需要加强？有哪些建议？

15. 您认为协会、自治组织和村民小组各自在沙地治理中应当扮演什么样的角色（主导者、引领者和协调者等）？您认为您在沙地治理中发挥了什么作用？

16. 您认为以前的村自治和你们现在的自治有什么区别？

17. 您认为你们村的村民关系有变化吗？发生了哪些变化？

18. 您认为你们村子里的环境发生了变化吗？发生了哪些变化？

致　　谢

本书的写作是基于我的博士毕业论文。完成书稿，除了喜悦和踏实之外，更多的是感恩与感激。

感谢我的导师崔月琴教授。感谢老师在硕士和博士阶段，两次接纳我进入师门，让我能够有机会跟随老师做我喜爱的社会组织研究。感谢老师对学生一直以来的包容和鼓励。感谢老师像母亲对待孩子一样指出我的缺点和不足，让我能够去反思和改正。感谢老师辛勤付出为学生搭建良好的学习平台与环境。不管是夏日炎炎的田野调查，还是冬雪纷飞的东荣读书会，老师总是以身作则，让学生感动且更加不敢偷懒。感谢老师在学术上对我的循循善诱，从初入师门的谈话、赠书，到阅读上的督促、写作上的指导、田野上的关怀，学生无不铭感于心。感谢老师在生活上对学生无微不至的关怀。初入师门，学生身体抱恙，老师一直记在心里，每逢季节时令变化，都会叮嘱我增减衣物。赴美联培，老师时常给我发来信息，叮嘱我在外求学要紧，照顾好生活和身体更为要紧。太多的感谢与感恩，无法言尽。希望自己能够以老师为一生的榜样，从容平和，奋发进取，成为老师的骄傲。

感谢张海东教授、王杰秀教授、王晶教授在答辩会上对论文的批评指正与宝贵建议。感谢邴正教授、田毅鹏教授、张金荣教授、林兵教授，他们全程参与了论文的开题、修改、答辩，帮助我厘清思路、澄清概念、纠正方法。在诸位学识渊博、关爱学生的导师的指导下，我才能顺利地完成论文的写作。亦感谢卜长莉教授、王文彬教授、陈鹏教授、芦恒教授、郑南教授，他们对我论文的写作提供了良多的建议意见，才促成了本论文的最终成稿。老师们对学生的关怀厚爱，学生将永远铭记于心。

感谢我的调研对象。他们热情地接纳了我的调研，为我的调研提供了极大的帮助。尤其是会长和秘书长，为我准备了详尽的协会资料，在访谈中对我知无不言。村民也接纳了我这个外来的观察者，这里淳朴的民风和热情的款待让我的调研能够顺利进行。

感谢师门的兄弟姐妹。吕方师兄、袁泉师兄、张冠师兄、嘉渊师兄、广文师兄在学术上给了我太多的帮助和指引。惠平师姐、沙艳师姐、张扬师姐，对师弟一直关爱有加。感谢师弟师妹们在我写作期间对我的关心与帮助，以及杜德安师弟对我论文的校对工作。

感谢我的同学和朋友们。他们在我写作最困难的时光里给我陪伴、鼓励和温暖，让我能够重拾信心，完成论文。

最后，感谢我的父母和亲人。他们是我最坚强的后盾。我将继续在学术的道路上奋发进取，用合格的作品回馈所有关爱我的人。